암요, 그럼요, 별 말씀을

재치유머

미래건강사회연구소

아이템북스

이 책을 왜 읽어야 하는가?

✚유머는 건강의 지름길

미국의 홉킨스 병원에서 밝힌 웃음의 병리학적 효능은 다음과 같다.

첫째, 자연 진통 효과가 있다.
둘째, 면역력을 높여 성인병에 대한 저항력을 높여 준다.
셋째, 순환기계를 청소한다.
넷째, 소화기계를 자극한다.
다섯째, 혈액 순환을 원활하게 해 준다.
여섯째, 혈압을 내려 준다.
일곱째, 근육의 긴장을 완화시켜 준다.
여덟째, 스트레스와 긴장, 근심을 해소시켜 준다.

많은 연구가들은, 하루 45분을 웃으면 만성적인 현대 질병의 치료도 가능하고, 환자가 10분 동안 통쾌하게 웃으면 2시간 동안 고통 없이 편한 잠을 잘 수 있다고 밝히고 있다.
어린아이 때는 생후 2~3개월 후부터 웃음의 횟수가 많아져 하루 400번 이상 웃으며, 여섯 살경에는 하루 300회 정도 웃는다고 한다. 하지만

성인이 되어 가면서 차츰 웃음을 잃어버려 하루 평균 100~14회 정도까지 급격히 줄어들어, 심지어 하루에 단 한 번도 웃지 않고 지내는 사람이 매우 많다고 보고되고 있다.

현대 의학에서도 '내적 조깅internal jogging' 이라고 불리는 이 웃음만으로도 건강한 삶을 살아갈 수 있는 묘약이 되는 것이다.

✚ 유머가 경쟁력이다

유머야말로 최고의 상술이요, 최고의 경영, 최고의 교육이라고 할 수 있다. 요즘에는 뭐니 뭐니 해도 '뜨는 사람', '인기 있는 사람' 이 되는 것이 바로 성공의 열쇠가 되었다.

최근 한 조사에 따르면, 성실성보다 유머감각이 있어 분위기를 잘 띄우는 사람이 가장 인기 있는 직장인으로 꼽혔다. 그리고 유머 능력이 뛰어난 사람이 그렇지 않은 사람보다 성공할 확률에 있어서 갑절 이상 높은 것으로 조사되었다.

또한 미혼 여성들이 가장 이상적인 남성형으로 꼽는 상위권의 유형이 바로 유머 있는 남자라고 한다.

이런 추세를 타서인지 이제는 직장인이나 학생, 할 것 없이 한두 가지 유머와 개그의 개인기는 필수인 시대가 되었다.

방송에서도 울고 짜고 하는 드라마보다는 웃기는 개그 시트콤이 시청률 상위권을 석권한 지 오래다. 이처럼 현대 사회에서 부자가 되고, 성공하고, 사업이 번창하고, 출세하고, 리더십이 늘고, 인간관계가 좋아지고, 결혼을 잘 하고… 이 모든 일들이 이제는 유머와 직결되어 있는 것이다.

이 책에 소개된 카네기·빌 게이츠·오프라 윈프리·로라 부시·링컨 등의 유머를 보아도, 학문·예술·정치·경제·과학 등 각 분야에서 성공한 사람들 속에는 반드시 재치 있는 유머가 생활화되어 있었다는 사실을 알 수 있다.

2012. 10.
미래건강사회연구소

Contents

이 책을 왜 읽어야 하는가?_2
이 책을 읽기 전에_9

1. 카네기, 처세 유머_15

참회 17/ 더벅머리 중 18/ 민주주의 19/ 주객 전도 20/ 똑똑한 바보 21/ 하나님의 품 22/ 최면술 22/ 독재자의 우표 23/ 글쎄, 나라니까! 24/ 이상한 도박꾼 25/ 당연해 26/ 이제 생각났어! 27/ '거시기'를 깨물어라 28/ 제 발이 저려서 29/ 큰 불알 고치는 법 30/ 술만 마시면 31/ 물가 31/ 영영 보지 못할 사람 32/ 군대에는 인재가 남아돈다? 33 / 빌 게이츠 34/ 로딩중 35

2. 빌 게이츠, 성공 유머_37

호들갑스런 하느님 39/ 정신병 환자 40/ 뚱뚱이 체스터튼 41/ 자네 부인 집에 계시나? 42/ 나 혼자였거든 43/ 현금 외상 44/ 공치사 44/ 넌센스 45/ 가장 훌륭한 변론 45/ 용맹스런 쥐 46/ 뒤늦은 후회 47/ 검은 콘돔 48/ 성모 마리아 49/ 어머니의 일기 49/ 투자 50/ 진리 51/ 미국 여행담 51/ 차마 뿌리칠 수가 없어서 52/ 깜박 홈쇼핑 히트 상품 53/ 빼빼로가 칸쵸를 부서워하는 이유 54/ 말 시키지 말라니까 55/ 직업별 웃음소리 56

3. 탈무드, 교육 유머_57

명답 59/ 위대한 목사 60/ 담배를 끊은 이유 60/ 틀니 61/ 대화 61/ 채권자의 부류 62/ 나도 여자야 63/ 마지막 복수 63/ 직업병 64/ 통사정 65/ 불면증 65/ 떨어지셨나요? 66/ 방종한 딸 67/ 마음에 드는 색깔 67/ 채찍질 68/ 내가 안 그랬어! 68/ 오해하지 마세요 69/ 말꼬리 잡기 70/ 그까이꺼 72/ 후임병의 비애 72 / 애인과 마누라 73

Contents

4. 로라 부시, 내조 유머_75

위선 77/ 사윗감 77/ 악필 때문에 78/ 임자 79/ 60살 된 딸은 없나요? 80/ 하느님과 사기꾼 81/ 시험에 들지 말게 하옵소서 82/ 우리 교회를 위한다면 83/ 모기 84/ 관 쓰면 글 아나? 84/ 홍보용 지옥 85/ 바쁘다 바빼 86/ 헌금이란 87/ 예의 88/ 강아지 전용 호루라기 88/ 서면 제출 89/ 추천서 90/ 자동 진단기 91/ 훈련소에서 92

5. 김삿갓, 방중房中 유머_93

직업 정신 95/ 먼저 먹다 보니 96/ 유유상종 97/ 개밥 98/ 돈이 좋아 98/ 이상한 약 99/ 피장파장 100/ 증인 101/ 부전자전 102/ 진짜 노랑이 103/ 장래 희망 103/ 철없는 아내 104/ 술이 술을 먹고 104/ 천당 갈래, 지옥 갈래? 105/ 쉬는 시간 106/ 구사일생 106/ 나를 따르시오 107/ 현문현답 107/ 어느 무릎이죠? 108/ 나도 무식해서 109/ 아무한테도 말하지 마세요 110/ 수학만이 살길이다 111/ 맛으로 승부하세요 112/ 알뜰족의 휴가 112/ 생방송 중 113/ 누가 더 무겁냐구요? 113/ 면접 114

6. 버나드 쇼, 기상천외한 유머_115

한숨 117/ 별거 아니에요 117/ 불청객 118/ 건망증 119/ 이유가 있었다 120/ 수박 121/ 청구서 122/ 동급 123/ 누드 모델 124/ 놀라운 은혜 125/ 다이어트 126/ 우수한 보험 판매원 127/ 가련한 벌레 128/ 무덤에서 129/ 나더러 어쩌라고? 130/ 원하는 게 대체 뭐죠? 130/ 변명 131/ 생명 보험 132/ 신입사원 132/ 종로 김두한 133/ 최신 전화 134/ 강원도 버전 십만양병설 135/ 지하철역 이름 135

7. 링컨, 지도자의 유머_137

머릿속이 텅 비어 139/ 악마의 추종자 140/ 대머리 노처녀 140/ 숫처녀 141/ 가발이 눈을 가려 142/ 순진한 신랑 143/ 최대의 고행 144/ 낮과 밤 145/ 진찰비 145/ 정직한 선생님 146/ 궁금증 146/ 택시 운전사 147/ 정확한 대답 148/ 금자씨의 방귀 149/ 바보 150/ 결혼 축전 151/ 낙원의 정의 152/ 엘리베이터 안에서 153/ 반가워 154/ 메뉴에 있는 것만 155/ 혼동 155

8. 오프라 윈프리, 유머 인생_157

드라마에 이런 장면 꼭 있다 159/ 피장파장 160/ 기를 수가 없어서 160/ 서명 161/ 무한대 162/ 장난 163/ 신문 164/ 게으른 목동 164/ 얼굴색 165/ 울긴! 166/ 공주병 166/ 문이나 좀 닫고 가쇼 167/ 어떻게 살라고 168/ 사격 훈련 169/ 페인팅 169/ 잠좀 자자 170/ 표시 171/ 남편의 조건 172/ 아내의 조건 172/ 죽어지이당 173/ 미녀와 추녀 175/ 동물 구경 176/ 개미 부인의 사랑 177/ 지갑 177

9. 찰리 채플린, 희극 유머_179

바다 소리 181/ 피로연 182/ 미아 183/ 입사 184/ 숫자 184/ 가격이 문제 185/ 확인 186/ 전공 187/ 연습 187/ 김 이병 188/ 원격 조종 189/ 잘못 건 전화 190/ 기혼 사원 190/ 습관 191/ 언제 봤다고? 191/ 세관 신고 192/ 최초의 여자 193/ 갈빗대 193/ 숫자 공부 194

Contents

10. 디즈레일리, 위기일발의 유머_195

신병 197/ 키스 198/ WC 198/ 배꼽 점 199/ 질투 200/ 한 번 더 201/ 플레이보이 202/ 몸무게 202/ 코끼리를 냉장고에 넣는 방법 203/ 누가 신세 망치는 건지 204/ 말 되네 205/ 핑계 없는 무덤 없다 205/ 빼! 206/ 누구게? 207/ 아직 안 죽었어 208/ 유머 정신 209/ 아무짝에도 쓸모없는 것 210/ 다 말해 보아라 211/ 전라도의 지하철 안내 방송 212/ 엄마의 문자 메시지 212/ 엽기적인 아들 213/ 화장발 214/ 당돌한 여학생 214/ 똥 나라에는 215

11. 처칠, 리더의 유머_217

땀내는 약이라더니 219/ 십자가의 참뜻 222/ 줄서! 222/ 모자를 반드시 씁시다 223/ 진짜 싸나이 224/ 손빨래 224/ 결석 신고 225/ 광고 226/ 고무줄 총 226/ 놀다 가이소 227/ 천국 가는 길 228/ 현명한 대답 229/ 너도 봤구나 230/ 수면제 230/ 되돌아온 이유 231/ 무식의 소치 231/ 연탄 값 232/ 연날리기 중계방송 232/ 말 되는 이야기 234/ 맥주 세 잔 235/ 할머니의 운전 236/ 경고 237

12. 아인슈타인, 상대성 유머_239

전공별 싸움 구경 241/ 가장 오래된 직업 242/ 말대꾸 243/ 단점 244/ 포맷 244/ 충청도 사람들 245/ 사투리 할머니 246/ 어른 아이 247/ 그게 아닌데 248/ 여자의 직업에 따라 249/ 서러운 이유 250/ 이름이 뭐야? 250/ 판결 252/ 배와 물 254/ 웃어야 하는 25가지 이유 254

이 책을 읽기 전에

✚ 웃음은 고민을 잊게 한다

우리는 일상 생활 속에서 끊임없이 고민한다. 일 · 생활 · 인간관계 · 외모 · 사랑에 이르기까지 끊임없이 고민에 빠지고 스트레스를 받는다. 전혀 고민거리가 없는 사람이 있다면 생각이 없는 사람이라고밖에 생각할 수 없다.

하지만 모든 고민의 성격이 전부 부정적인 것만은 아니다. 발전적 측면에서의 고민은 인간 성장의 밑거름이 되기도 한다. 세상을 바꾼 위대한 발견은 언제나 개인의 소소한 고민에서부터 출발했다.

만유인력의 법칙 역시 '사과가 왜 땅으로 떨어질까' 라는 다소 엉뚱한 고민에서 시작되었다는 사실을 모르는 이는 없을 것이다. 만약 뉴튼이 그런 고민을 하지 않았다면, 우리는 아직도 중력을 이해하지 못하고 있을지도 모른다.

사람들은 살아가면서 수없이 많은 문제와 맞닥뜨리지만, 진보를 위한 발견과 성장은 문제를 정확히 인식하고 그것을 해결하기 위한 고민에서부터 시작된다. 문제를 문제로 인식하지 못하고 즐거워하는 사람이 있다면 그 사람은 육체적 성장만을 거듭하고 있을 뿐이다.

물론 고민을 한다고 해서 매번 문제를 해결할 수 있는 건 아니다. 때로는 아무리 시간과 노력을 기울여도 해결하지 못하는 고민을 접하게 되기도 한다.

이러한 상황에 처한 사람이라면 먼저 웃어 보라고 권하고 싶다. 웃음은 정화 작용을 한다. 웃음은 고민으로 인한 스트레스를 여과시키고 정신을 맑게 해 준다.

한 곳으로 모든 신경이 함몰되면 오히려 객관적이고 다각적인 시각을 잃어버릴 때가 많다. 도무지 해결의 실마리가 보이지 않을 때라면 웃을 수 있는 여유를 되찾는 게 무엇보다도 중요하다.

✚ 웃음은 병을 낫게 한다

미국의 유명한 저널리스트인 노만 커즌은 류머티즘의 일종인 강직성 척추염을 앓다가, 웃음과 유머로 병을 이겨 낸 일화로 유명하다. '강직성 척추염'에 특효약이 없다는 사실을 안 노만은 병원을 나와 웃음과 유머를 즐겼다.

노만은 코미디 프로를 보면서 유쾌하게 웃고 난 다음에는 진통제의 도움 없이도 잘 수 있었고, 자신도 느끼지 못하는 사이 병세가 점점 더 호전되어 갔다.

결국 웃음과 유머로 병을 이겨 낸 노만은 웃음의 전도사가 되어 웃음에 관한 강의를 하면서 그 내용을 책으로 써냈고, 현대 웃음학을 열게 되었다.

이 '웃음 트레이닝'이라는 치료법은 암환자의 회복에도 도움이 된다고 한다. 특히 위궤양이나 스트레스성 질병을 고치는 데 웃음이 큰 효과가 있는 것으로 나타났다.

먼저 우리가 화를 냈을 때 해로운 현상이 어떻게 우리 몸에서 일어나는지 알아보는 것이 웃음의 가치를 이해하는 데 도움이 될 것이다.

사람이 스트레스를 느끼거나 불쾌한 일을 겪으면, 일단 몸은 '도망가거나 싸우기' 위한 준비 체계로 바뀐다.

도망가거나 싸우기 위한 신호가 전달되면 콩팥 옆에 있는 부신에서 스트레스 호르몬이 분비되고, 사람의 몸은 전투태세로 바꾼다. 그와 동시에 스트레스 호르몬은 교감신경을 자극한다. 교감신경이 자극되면 심장이 빨리 뛰게 되고 얼굴이 벌개지거나 하얗게 된다. 침이 마르고 위액이 줄어들어 소화 활동도 나빠진다.

상황이 종료되면 몸은 도망가거나 싸우기 위한 반응이 끝나고 평상으로 돌아온다. 비상 상태에서는 우선 급한 대로 살아가야 하므로 몸이 나중에 망가지는 것에 상관없이 원상태로 빠르게 돌아가야 한다. 비상 상태가 끝나도 비상 상태의 호르몬이 남아 있으면 몸은 서서히 망가지게 된다.

최근 많은 의학자들은 스트레스와 불쾌함으로 나오는 호르몬을 없애는 방법으로 웃음과 운동을 추천한다.

웃으면서 동시에 불쾌함을 느낄 수 없으므로 웃는 순간에는 나쁜 호르몬이 나오지 않는다. 운동도 나쁜 호르몬을 없애는 좋은 방법이다.

미국 존 홉킨스 의과대학은 학생의 성격을 세 분류로 나누어 조사해 보았다.

A그룹은 주어진 일을 견실하고 차분히 해내는 인내심 강한 그룹이고, B그룹은 대단히 밝고 활발하며 교제성이 좋은 그룹, C그룹은 머리가 굉장히 좋으나 기분파여서 무엇을 해도 오래가지 않는 그룹이었다.

이 세 그룹을 나누어 30년 후 어떤 질병에 걸렸는지 조사해 보았더니 분명한 차이를 보였다.

잘 웃는 성격의 사람은 질병에 시달리는 확률이 10% 미만이었던 반면, 그렇지 못한 사람은 절반 이상이 성인병을 비롯한 각종 질병에 시달리고 있었다.

지금 당신 자신과 주변을 둘러보면 이 연구보고서가 어느 정도 신빙성이 있는지 충분히 헤아릴 수 있을 것이다.

✚웃음은 돈이 생기게 한다

웃으면 돈이 생긴다. 이 말만 듣고도 기뻐서 웃던 사람들은 곧 한 가지 의문을 품을 것이다. 돈을 버는 일이 그토록 쉽다면 가난한 사람들이 생길 수 있을까 라고.

물론 웃는다고 누구나 부러워하는 부자가 될 수는 없을지언정, 돈이 생기는 것만큼은 사실이다.

늘 미소를 잃지 않는 사람의 주위에는 사람들이 모여들고 좋은 인간관계가 형성되기 때문이다. 그러한 대인관계는 정보의 흐름을 원활하게 하고, 언제든지 호의적인 도움을 받는 일을 가능케 한다.

굳이 찾아다니지 않는다 하더라도 웃음의 혜택을 받는 예는 주변에서 얼마든지 발견할 수 있다.

쉬운 예를 들어 보자.

경마장에서 경비원으로 근무하던 A씨는 언제나 겸손한 자세로 웃음을 잃지 않았다. 돈을 잃은 손님들에게 오해를 사 봉변을 당할 때도 있었지만, 그는 늘 웃는 얼굴로 손님들을 맞았다.

그러는 사이 그를 알아보는 사람이 차츰 많아졌고, 언젠가부터 먼저 인사를 하는 손님들도 생기기 시작했다. 경비원으로 근무한 지 6개월이 넘어서부터 A씨는 주스 한 잔도 자기 돈으로 살 필요가 없어졌다.

그의 책상 서랍에는 언제나 손님들이 남겨 주고 간 전화카드며 음료수가 수북했다. A씨는 돈을 잃고 시름에 잠긴 사람들에게 그것을 나눠 주기도 했다.

비록 받은 물건을 되돌려준 것뿐이지만, 손님들은 그의 호의를 잊지 않고 고마워했다. 그리고 A씨를 향해 웃으면서, 함께 온 동료들에게 말했다.

"저 아저씨 미소는 백만 불짜리야."

일상 생활에서 미소와 밝은 웃음으로 자신을 기억시킬 수 있다면 이미 비즈니스의 절반은 성공한 셈이다.

안 되는 일도 되게 하는
유머 화술

1. 상대방이 즐겨 말하는 화제를 끌어내라.
2. 칭찬으로 마음을 녹여라.
3. 상대방의 시각으로 사물을 보라.
4. 재미있는 에피소드를 먼저 이야기하라.
5. 체면을 높이 세워 주라.
6. 상대에게 감사할 '꺼리'를 찾아라.
7. 약간의 쇼맨십을 발휘하라.
8. 적당한 실수를 하라.
9. 자신의 포장지를 뜯어내라.
10. 평퐁 대화법을 구사하라.

카네기, 처세 유머 1

Andrew Carnegie

미국의 산업자본가 · 철강왕
1835. 11. 25 ~ 1919. 8. 11

미국에서 손꼽히는 부富를 이룬 강철왕 앤드류 카네기는 평소 이렇게 말했다.
"웃음이 적은 곳에는 매우 적은 성공밖에는 있을 수가 없다."
그의 처세학 신조 제1조가 바로 유머였다. 그 다음으로 사람을 대할 때 중요한 요건으로 꼽은 것은 미소와 관심이었다.
수직공手織工의 아들로 태어나 어려서부터 방적공·기관조수·전보배달원·전신기사 등을 전전하다가 자신의 불우한 처지를 딛고 세계적인 거부巨富로 발돋움할 수 있었던 카네기. 그의 성공 비결은 단연 사람을 잘 대하는 그의 처세법에 있었다. 거기에는 항상 유머와 위트가 뒤따랐다.
카네기는 자신의 책 『사람을 움직인다』에서 다음과 같이 말했다.

"모든 사람에게 좋게 보이려면 이 책을 볼 필요도 없다. 그보다는 이 방면에 가장 뛰어난 '개'의 방법을 배우면 된다. 개는 우리를 매일 길거리에서 만난다. 조금만 가까이 하면 꼬리를 치기 시작한다. 어루만져 주면 좋아하고 곧 호의를 보인다. 어떤 속셈이 있어서 이 같은 애정의 표현을 하는 것이 아니다. … 상대방의 관심을 끌려는 것보다도 상대방에게 순수한 관심을 두는 편이 오히려 더 많은 사람에게 귀여움을 받는다는 것을 본능적으로 알고 있기 때문이다."

상대방의 관심을 사려면 그 사람을 의도적으로 끌려는 것보다도 먼저 그 사람에게 순수한 관심을 두는 것이 훨씬 낫다고 강조한다.
내 쪽에서 지나치게 긴장하고 굳어진 태도로 대하거나, 허점을 보이지 않으려고 근엄한 표정으로 말을 걸면 상대는 더 굳어지며, 좀처럼 말문을 열어 주지 않게 된다.
그러므로 크게 실례가 되지 않는 범위에서 내쪽에서 먼저 가벼운 유머나 위트를 사용하는 지혜가 절대 필요하다.

참회 Confession

아름다운 아가씨가 신부 앞에서 참회를 하고 있었다.

"신부님, 저는 죄를 졌습니다. 낯선 남자에게 안겼어요."

"그래서 어떻게 되었나?"

"저는 얼마나 기뻤는지 몰라요. 그 남자가 저를 소파로 끌고 가지 않겠어요? 그리고 둘이 나란히 앉았어요."

신부는 침을 한 번 꿀꺽 삼키고는,

"그래서?"

"저를 꼭 안더니 뜨거운 키스를 퍼붓더라고요."

신부는 점점 몸이 달아서,

"그래서, 그 다음은 어떻게 됐는데?"

"마침 그때 어머니가 방문을 노크했어요."

"저런 망할 늙은이!"

더벅머리 중 Monk with disheveled

옛날 어느 서생이 산 속 절간으로 공부하러 떠났다.

산으로 접어들어 얼마를 가다가, 한 굴 속에서 무엇인가 번쩍번쩍 빛나는 것을 보고는 보물寶物인가 하고 가까이 가 보니 호랑이의 눈이었다.

"에쿠! 큰일났구나."

하고는 그 호랑이가 달려 나오지 못하게 굴 앞에서 지팡이를 자꾸 내둘렀다.

호랑이는 지팡이를 내두르는 바람에 나오지 못하고, 그 서생은 잠시라도 지팡이를 내두르지 않으면 호랑이가 나올까 봐 끊임없이 팔이 빠질 지경으로 계속 휘두르고 있었다.

이때 마침 지나가던 한 중이 이 꼴을 목격하고,

"왜 그러고 있소?"

"스님, 이 굴 속에 호랑이가 있는데 이것을 잡아 가죽을 벗겨 팔면 큰 횡재를 할 것이오. 그러니 잠깐만 이것 좀 대신 휘둘러 주시면, 내가 곧 가서 활을 가져다가 쏘아 죽일 테니, 가죽을 팔아서 우리 둘이 나누기로 합시다."

중은 그럴 듯한 생각에 지팡이를 받아 쥐고는 흔들기 시작하였다.

그러자 서생은 '오금아 나 살려라' 하고 그 길로 절간을 향해 뒤도 돌아보지 않고 달아나 버렸다.

3년 후 공부를 마치고 집으로 돌아오는 길에 호랑이에게 혼났던 굴 앞을 지나려니까 어떤 험상궂은 더벅머리가 머리털을 너풀거리며 무언가를 휘두르고 있었다. 자세히 살펴보니 3년 전의 그 중이 여태까지 지팡이를 흔들고 있는 것이었다.

민주주의 Democracy

가정불화가 일어나 남편에게 얻어맞고 눈물을 흘리던 아내,
"결혼 전에는 결혼만 하면 나를 여왕같이 모시겠다고 하더니…… 그래, 이것이 여왕 대접이란 말예요?"
하고 따지자 남편이 이죽거리며,
"여왕의 정치가 좋지 못해서 민주주의 혁명이 일어난 거라고!"

주객 전도 It's my money

돈도 많고 자비심慈悲心도 많은 상인이 불쌍한 사람들에게 정기적으로 돈을 보내 주고 있었다.

한 남자는 매월 30만 원씩 받고 있었다. 비가 오나 눈이 오나 남자는 반드시 와서 그 돈을 받아 갔다.

어느 날, 여느때와 같이 30만 원을 달라고 하자 상인의 비서는 15만 원밖에 주지 않았다.

"뭔가 잘못된 것 같네요."

하고 남자는 말했다.

"나는 15만 원이 아닙니다."

"물론 지금까지는 30만 원이었죠."

하고 비서는 대답했다.

"하지만 오늘부터는 15만 원밖에 드리지 못합니다."

"왜죠?"

"실은 아가씨께서 결혼을 하시는 바람에 지참금 준비니, 결혼 비용이니 해서 많은 돈이 들기 때문에 이쪽에서 절약을 해야 하거든요."

그러자 남자는 노여움에 떨면서 소리쳤다.

"그럼, 주인에게 꼭 전해 주시오. 자기 딸을 결혼시키고 싶거든 내 돈을 쓰지 말고 자기 돈을 쓰라고 말이야."

똑똑한 바보 Why I'm fool

어떤 마을에 바보 취급을 받는 아이가 있다.

동네 아이들이 이 바보 아이의 손바닥에 100원짜리 동전과 500원짜리 동전을 놓고서 맘대로 집어가라고 하면 이 아이는 항상 100원짜리 동전만을 집어가기 때문이다.

어느 날, 나는 아이의 머리를 쓰다듬어 주면서,

"애야, 100원짜리보다는 500원짜리가 더 크단다. 다음부터는 500원짜리를 집으렴."

하고 일러줬다.

이 말에 아이는 싱긋 웃으면서,

"아저씨 그건 저도 알아요. 하지만 제가 500원짜리를 집으면 싱거워서 애들이 다시는 그런 장난을 안 할 거예요. 그렇지요?"

"그렇겠지."

"그럼, 저는 돈을 못 벌잖아요."

하나님의 품 God loves you so much

해군 참모총장을 지낸 K장로가 교회 예배 때마다 맨 앞에 앉아 잘 졸자 어떤 집사가,
"장로님, 장로님은 왜 맨 앞에 앉아서 그렇게 열심히 조십니까?"
라고 하자 그 K장로,
"아, 얼마나 좋습니까? 하나님의 품이 이렇게 아늑한데 잠을 자지 않는다고 하는 것은 믿음이 없는 탓이죠."
라고 하는 것이었다.

최면술 Hypnotism

불만족한 부부 생활을 고민하던 끝에, 한 아내가 남편을 설득하여 최면술催眠術 요법을 받게 했다.
남편이 최면술을 받고 나서 섹스에 대한 흥미가 되살아난 것은 좋았으나, '행위' 도중 갑자기 침실 밖으로 뛰어나가곤 했다.

어느 날 부인은 호기심에 못 이겨 남편을 뒤쫓아갔다.
발끝걸음으로 살짝 엿보니, 남편은 거울 앞에서 자기 모습을 응시하면서 중얼거리고 있었다.
"저 여자는 내 마누라가 아니다. 내 마누라가 아니다."

독재자의 우표 Dictator's stamp

어느 독재자가 자신을 모델로 하여 우표를 제작한 후 어떤 반응을 보이고 있는지 궁금했다.
그래서 우표 파는 상점 주인에게 물어보았다.
"사는 사람은 많습니다. 그런데 우표가 잘 붙지 않는 것이 흠이라면 흠이지요."
독재자는 우표가 많이 팔린다는 소리에 기분이 좋았지만, 잘 붙지 않는다는 사실이 미심쩍었다.
그래서 우표 한 장을 달라고 해서 침을 발라 종이에 붙여 보니 기가 막히게 잘 붙었다.
"아니, 이렇게 잘 붙는데 붙지 않는다는 것이 웬 말이냐?"
독재자의 호통에 상점 주인이 쩔쩔매며 이렇게 말했다.

"국민들은 뒷면에 침을 바르지 않고 앞면에다 침을 퉤퉤 뱉기 때문입니다."

글쎄, 나라니까! Snake

구두쇠가 돈 꾸러미를 땅 속에 묻으면서 중얼거렸다.

"남들이 보거든 뱀이 되어라!"

그것을 엿본 사내가 나중에 돈 꾸러미를 꺼내고 대신 뱀을 넣었다. 이윽고 구두쇠가 돈을 파내려고 하니 뱀이 나오는 것이 아닌가.

"이 녀석아, 나야 나! 정신머리 없는 뱀이로군. 글쎄, 나라니까!"

이상한 도박꾼 Gambler

"의사 선생님, 선생님은 우리 시에서 가장 유명한 여자 정신과 의사이십니다. 절 좀 도와주세요."

"무슨 일로 그러시는데요?"

"제 남편 때문이에요. 그이는 도박꾼이에요. 전 그이를 데리고 유명한 남성 정신과 의사들을 죄다 찾아다녀 보았지만, 아무런 도움도 못 받았어요. 한번 치료治療해 주시겠습니까?"

"좋습니다. 그분을 들여보내세요."

"안녕하십니까? 박사님, 제가 대기실에서 기다리고 있는 동안 어떤 친구와 내기를 했는데 말입니다. 저는 박사님이 제 앞에서 옷을 모두 벗지 않을 것이라는 데에 100만 원을 걸었습니다."

"그래요. 댁께서 도박을 그만두도록 해드리겠어요. 당장 여기서 옷을 모두 벗겠어요. 자, 이제 당신은 돈을 잃었어요. 나가서 부인을 들여보내 주세요."

부인이 들어와서,

"선생님, 제 남편 어떻게 잘 되었나요?"

"그는 내가 자기 앞에서 옷을 벗지 않을 것이라는 데에 어떤 사람과 100만 원 내기를 했대요. 난 일부러 그가 돈을 잃게 하려고 옷을 벗었어요. 그분에게 좋은 가르침을 줬을 겁니다."

"천만에요. 아래층 차 안에서 친구와 내기를 해 첫 번 방문에서 선생님이 옷을 벗을 것이라는 데에 200만 원을 걸었단 말이에요."

당연해 No wonder

어떤 부부가 아이들이 잠든 것을 보고 '밤일'을 시작하였다.
얼마 있다가 아내는 기분이 좋아서 자꾸 '죽는다, 죽는다' 하고 연거푸 외쳤다. 두 아이는 그 소리에 눈을 떴으나 부부는 깨닫지 못하고 한참 열중하고 있었다. 형이 그 광경을 보고 킥킥 웃어대자, 어머니는 화가 나 형의 머리를 쳤다. 그랬더니 동생이,
"형, 맞는 것이 당연해. 엄마가 아파서 죽는다, 죽는다고 하는데도 형은 웃어댔잖아."

이제 생각났어! Ringing my memory!

남편이 예정보다 빨리 출장(出張)에서 돌아와 집의 문을 두드렸는데, 아내가 한참 있다가 문을 열어 주어 겨우 들어가게 되었다.
남편이 손을 씻으려고 욕실로 가려고 하자 아내가 당황하며 말렸다.
"새 수건은 부엌에 두었어요."
"내 집 욕실을 쓰는 것은 내 마음대로야."
하며 남편은 아내의 말을 듣지 않고 문을 열자, 처음 보는 젊은 사내가 웅크리고 있었다.
이 청년은 조금도 당황하지 않고 침착한 태도로,
"죄송합니다. 실은 2층 아주머니와 가까이 지내는 사람입니다만, 오늘 느닷없이 주인이 일찍 돌아와서 2층 창문을 통해 댁의 욕실로 도망 온 것입니다. 죄송하지만 댁의 현관으로 나가게 해 주십시오."
남편은 싱긋 웃으며 청년을 내보내 주었다.
한밤중이 되어 아내가 코를 골며 자고 있을 때, 아직 잠이 들지 않은 남편이 벌떡 일어나 아내의 머리를 주먹으로 내리쳤다.
아내는 깜짝 놀라 벌떡 일어났다.
"당신, 미쳤어요?"
"이 여편네야, 이제 생각났는데 우리 집은 단층집이야."

'거시기'를 깨물어라 Bite it

어느 고을에 새 원님이 부임했다.

그런데 이 원님이라는 양반은 세상물정을 전혀 모르는 바보였는데 조상을 잘 둔 덕으로 원님이 된 것이다. 반대로 그의 부인은 현명하여 원님이 무슨 처리할 일만 있으면 일일이 부인에게 물어서 해결하곤 했다. 그러나 재판하는 일만은 그럴 수가 없었다.

동헌 뜰에 죄인을 엎어 놓고 부인에게 물어보러 갈 수는 없는 노릇이었다. 그래서 원님은 자기가 앉은 자리에서 잘 보이는 곳에 발을 치고, 그 안에 앉은 부인이 지시하는 대로 처리하기로 했다.

어느 날, 한 사람이 잡혀 와 한참 동안 울며불며 뭐라고 지껄여 댔지만 원님은 아무리 애써도 이해하기가 어려웠다. 그래서 얼른 부인이 있는 쪽을 곁눈질해 보니 부인이 손바닥을 밑으로 엎었다.

'옳지, 엎어 놓고 볼기를 치라는 말이구나.'

"그놈을 엎어 놓고 매우 쳐라!"

사령들이 사정없이 볼기를 내리치니 비명 소리가 동헌에 가득했다.

보기에 딱해서 부인 쪽을 보니 아무런 지시가 없었다.

'저러다 사람 죽이겠네. 죄가 대체 뭐기에 저리 볼기짝이 터지도록 때리는 건가?'

부인 쪽을 다시 보니 그제야 손바닥을 젖힌다.

물론 그것은 그만 때리라는 신호다.

그런 것을 재빠르게 눈치 챌 줄 안다면야 바보가 아니지. 원님은 본대로 고지식하게 명령한다.

"그놈을 젖혀 놓아라!"

죄인을 똑바로 눕혀 놓았으니, 죄인은 맞은 자리가 눌려 아픈 것도 아픈 거지만 더더욱 부끄러워 눈물만 찔끔거린다.

발 뒤에 있는 부인도 그 꼴이 어찌나 우스운지 금세 웃음이 터져나올 지경이었으나 남편 체면도 있고 하여 웃을 수가 없다.

그래서 웃음을 참느라고 손가락을 깨물었는데, 그때까지 부인의 지시만 기다리고 있던 원님이 그걸 보았다.

원님은 이상하게 생각하면서도 눈을 딱 감고는 신음하듯 명했다.

"여봐라, 저놈의 '거시기'를 깨물어라."

제 발이 저려서 Sleeping with Adam

신학대학의 교수가 중간고사 시험범위를 창세기(創世記)로 정하고 구두시험을 보기로 했다.

학생들에게 질문을 하고 점수를 매기던 교수가 한 여학생에게,

"최초의 남자가 누구였죠?"

하고 묻자 이 여학생 갑자기 얼굴이 빨개지더니,

"저, 교수님. 사실 전 하고 싶지 않았거든요."

하고 말끝을 흐렸다. 그러자 교수,

"아니 학생, 아담하고 뭘 한단 말이에요?"

큰 불알 고치는 법 A good assistant

명의名醫가 되고자 하는 한 남자는 연구심이 매우 깊어 언제나 필기구를 지니고 다니다 좋은 처방處方을 알게 되면 그 자리에서 기록해 두어 잊지 않도록 하고 있었다.

어느 날, 길에서 산적이 사람을 습격하는 장면을 목격하게 되었다.

덤불 속에 숨어서 지켜보고 있으니 산적은 불알이 큰 사내를 죽이려고 칼을 들었다.

칼이 번쩍이더니 사내의 목이 떨어짐과 동시에 큰 불알이 점점 줄어드는 것이 보였다.

수련의는 즉시 수첩에 기록했다.

'큰 불알을 고치는 법은 주인의 목을 잘라 떨어뜨리는 것.'

술만 마시면 Success

외출에서 돌아온 과장이 물었다.

"나 없는 사이 또 그 녀석이 술 마시고 발광했다면서?"

"늘 하던 그대로 책상 위에 발을 얹고 아무에게나 함부로 욕을 퍼붓고 그랬죠."

"그 녀석 술만 안 마시면 지금쯤 대리는 되었을 텐데."

그러자 부하의 눈길이 의아해졌다.

"그 친구 술만 마시면 사장이 되는데요, 뭐."

물가 Prices

강도 A : 야! 너 신문 봤어?

강도 B : 아니. 무슨 소리 있던?

강도 A : 우리가 훔쳐 온 돈의 일련번호를 모두 알고 있대.

강도 B : 사용하다간 꼬리를 잡힐 거 아냐?

강도 A : 음, 하는 수 없지. 장기전으로 나가면 돼.

강도 B : 10년쯤 숨겨 두는 거야. 그러면 시효가 넘잖아. 그때 쓰자고.

강도 A : 하지만 걱정이야.

강도 B : 무슨 걱정?

강도 A : 해마다 물가가 올라가고 있으니 말이야.

영영 보지 못할 사람 Say goodbye

연로한 목사님이 사람들과의 면회가 불가능할 정도로 생명이 위독했다. 그런데 그런 와중에도 목사님은 한 무신론의 친구를 만나길 원했다. 무신론 친구가 찾아와서 물었다.

"날 찾아 줘서 고맙기는 하네만, 자네 참 웃기는군. 죽을 마당에 가까운 친지나 친구는 찾아보지 않고 왜 하필이면 나를 찾았는가?"

"그야 다른 친구들이나 친척은 천국에서 다시 만날 수 있지만, 자네는 영영 보지 못할 사람이기 때문일세."

군대에는 인재가 남아돈다?
Look out for talent at army

김 중위 : 여기 피아노 전공한 놈 있어?

박 이병 : 네. 접니다.

김 중위 : 그래? 너 무슨 대학 나왔는데?

박 이병 : A대 피아노과 나왔습니다.

김 중위 : 그것도 대학이냐? 다른 놈 없어?

조 이병 : 네. 저 B대 피아노 전공했습니다.

김 중위 : B대? S대 없어? S대?

전 이병 : 네. 제가 S대입니다.

김 중위 : 그래? 피아노 전공이냐?

전 이병 : 네. 그렇습니다.

김 중위 : 그래. 여기 와서 피아노 좀 옮겨라.

며칠 뒤 다시 김 중위가 대원들을 소집했다.

김 중위 : 미술 전공한 놈 나와!

김 일병 : 네, 저 미술 전공 했습니다!

김 중위 : 어느 대학 나왔는데?

김 일병 : 네. C대 디자인과입니다.

김 중위 : 그것도 대학이냐?

고 일병 : 전 H대 미대 출신입니다.

김 중위 : (흐뭇한 미소로) 그래? H대 출신이야?

고 일병 : 네. 그렇습니다!

김 중위 : 그래 잘됐다. 발야구하게 이리 와서 줄 좀 그어라.

빌 게이츠 Bill Gates

빌 게이츠는 중학교 때 공부를 못했다.
그에 비해 탐이라는 친구는 공부를 잘했다.
몇 년이 지나 빌 게이츠가 성공했을 때 길을 가다가 탐을 만났다. 탐은,
"나는 이렇게 사는데, 너는 왜 그렇게 성공한 거야!"

라며 욕을 했다.

빌 게이츠는 참았다.

그리고 집에 도착해서 컴퓨터를 켜고 프로그램을 하나 만들었다.

과연 무슨 프로그램이었을까?

탐새끼[탐색기]

로딩중 On loading

달호는 친구와 함께 점심을 먹고 나오면서 화장실에 같이 들렀다. 소변을 보는데 친구가 쳐다보니, 달호는 소변이 나오지 않았.

철수가 왜 그러느냐고 묻자 달호가 대답했다.

"로딩 중이야."

빌 게이츠, 성공 유머 2

Bill Gates

세계 최연소의 억만장자.
1955. 10. 28 ~

한 하버드대 중퇴생이 어떻게 세계적으로 수백만 대의 컴퓨터의 표준이 된 시스템을 창조하게 되었는가? 1986년 서른한 살의 나이에 역사상 가장 나이 어린 억만장자가 된 사나이 빌 게이츠. 괴짜 신동에서 거물 사업가로 대변신하여 '컴퓨터의 황제'라 불리기까지 그에게 따라 붙은 악평 또한 만만치 않았다.

'호전적이고 젊고 거만한 지도자.' 〈타임〉지에서는 게이츠의 평소 습관이 자폐증의 습성과 똑같다는 비교자료를 내놓은 적도 있었다. 게이츠에 대해 쑥덕대기를 좋아하는 사람들은 하느님마저도 빌의 저택을 부러워하고 있다고 생각한다. 컴퓨터 사업을 하는 대기업의 중역이 죽어서 하늘에 갔다. 성 베드로가 자신의 길을 인도해 주기를 기다리는 동안, 그는 주위를 한 바퀴 돌아보았다. 그런데 대단히 크고 초현대적인 건물 한 채가 눈에 띄었다. 그 집 대문에는 B. G.라는 머릿글자와 함께 마이크로소프트사의 로고가 새겨져 있었다.

그는 깜짝 놀랐다. 왜냐하면 빌 게이츠가 죽었다는 소식을 듣지 못했기 때문이었다.

그는 베드로에게 물었다.

"여보세요, 이 집이 빌 게이츠의 집인가요?"

그러자 베드로가 대답했다.

"오, 아닙니다. 그건 하느님의 집이오. 하지만 하느님은 가끔씩 자신이 빌 게이츠라고 생각하지요."

컴퓨터 산업에서 빌 게이츠는 다른 사람에 비해 훨씬 많은 적을 가지고 있는 건 사실이다. 그러나 그는 적을 만들지 않고 세계에서 가장 부유한 사람이 되리라고 기대하지 않았다. 빌 게이츠가 경험을 통해 배운 것은, 유명해지는 것과 악명을 떨치는 것이 서로 밀접하게 연관되어 있다는 것이었다. 미국의 저널리스트인 코니 청이 빌 게이츠에게 자신을 '컴퓨터광'이라고 생각하느냐는 질문을 던졌다.

"컴퓨터광이란 의미가 컴퓨터 내부를 이해하면서 즐길 수 있고, 컴퓨터 앞에서 4시간 동안 앉아 있을 수 있으며, 컴퓨터를 가지고 놀면서 즐길 수 있다는 것을 의미한다면 나는 컴퓨터광입니다."

빌 게이츠는 경쟁자는 반드시 물리쳐야 한다고 솔직담백하게 말하면서도, 그의 대화 속에는 반짝이는 위트가 숨어 있었다.

호들갑스런 하느님 Be Rash

한 어머니가 아들을 나무랄 때면 으레,
"너 그러면 하느님이 좋아하시지 않아."
라고 말했다. 그러다 아이가 하는 짓이 걷잡을 수 없을 때는,
"너 그러면 하느님이 노하신다."
라고 했다. 대개 이런 충고는 충분히 효력이 있었다.
그런데 어느 날 저녁, 아이가 식사 후 디저트로 나온 자두를 먹으려 하지 않았다. 달래도 보고 윽박질러 보아도 소용이 없자, 결국 어머니는,
"이제 하느님이 노하실 거야."
하고 꾸짖어서 아이를 잠자리로 보냈다.
잠시 후 무서운 뇌성 폭우가 쏟아지자, 어머니는 어린 아들이 하느님의 노여움에 대경실색했을 것으로 생각하고 진정시켜 주려는 마음에 아이의 방으

그러나 그녀는 아이가 창가에서 폭우를 담담히 내다보고 있는 것을 발견하고 놀라지 않을 수 없었다.

"겨우 자두 몇 개 가지고 이렇게 큰 소동을 피우시다니 원…"

정신병 환자 Some patient

정신병 환자患者가 병원에 입원을 했다가 경과가 좋아 의사가 퇴원 테스트를 하고 있었다. 의사가 자신의 코를 손가락으로 가리키며 환자에게 물었다.

"이게 뭐지요?"

환자는 피곤한 기색으로 대답했다.

"그게 코지 뭡니까. 좀 질문다운 질문을 하십시오."

의사는 자신의 입을 가리키며 다시 물었다.

"이게 뭐지요?"

환자는 노골적으로 불만을 표시하며 피곤疲困하다는 듯 대답했다.

"정말 미치겠군. 의사 선생님, 그건 입입니다. 제발 저를 그런 식으로 다루지 마십시오. 전 정상입니다."

의사는 고개를 끄덕이며 말했다.

"예, 말씀하신 대로 모든 게 정상입니다. 퇴원 수속을 밟도록 하십시오."
그 환자가 곧 퇴원하게 된다는 소문을 듣고 친구처럼 지내던 옆방 환자가 와서 손을 내밀었다.
"축하하네. 악수나 하세."
그러자 그 환자는 친구의 손을 물끄러미 내려다보며 기분이 상한 표정을 지었다.
"악수를 하자며 궁둥이를 내미는 건 좀 너무하군."

뚱뚱이 체스터튼 Fat man

영국의 풍자가 체스터튼 G. K. Chesterton 은 아주 뚱보였다.
하루는 프리트 가를 거닐다 채식주의자로 빼빼 마른 버나드 쇼 Bernard Show 를 만났다. 체스터튼은,
"자네를 보니 영국이 기근 상태에 빠져 있다고 생각하지 않을 사람이 없겠군."
그러자 버나드 쇼는,
"암, 그렇지. 그런데 자네를 보면 영국의 기근의 원인이 자네 때문일 거라고 믿지 않을 사람이 없을 걸세."

라고 했다. 체스터튼,

"자네는 나의 체구 면적이 좀 넓다고 그러는 모양인데, 이렇게 넓기 때문에 얼마나 좋은 일을 많이 하는지 아나? 다른 사람의 세 곱은 하거든. 일전에 버스를 탔는데 내가 일어나 자리를 양보했더니, 글쎄 세 사람이 고맙다고 인사를 하지 않겠나."

자네 부인 집에 계시나?
Does your wife at home?

"아, 이가 아파 죽겠네. 뭐 좋은 약이 없나?"
"내가 좋은 비법을 말해 줄까?"
"말 좀 해보게."

"어제 나도 이가 몹시 아팠어. 집에 가서 이가 아파 죽겠다고 했더니 아내가 내게 입을 맞추며 위로를 해 주니 그 아프던 이가 씻긴 듯이 낫지를 않았겠나. 자네도 가서 한번 시험해 봐."
"그래? 나도 한번 시도해 보지. 자네 부인 집에 계시나?"

나 혼자였거든 Only alone

에디슨도 가끔은 멍청하였다.

어느 날, 그는 여행에서 돌아와 기차가 전진하는 쪽과 반대로 앉아서 여행하는 동안 쭉 불쾌했다고 아내에게 투덜거렸다.

"어머, 어째서 맞은쪽 사람에게 자리를 좀 바꿔 달라고 부탁하지 않았죠?"

하고 아내가 물었다.

그러자 그는 이렇게 대답했다.

"그런 걸 엄두나 낼 수 있나. 차 안엔 나 한 사람밖에 없었는데."

헌금 외상 Play with fire

목사牧師가 교인들에게 다음과 같은 광고를 했다.

"요즘 유부녀와 연애하는 분이 한 분 있습니다. 헌금바구니에 1만 원짜리 지폐를 넣지 않으면 지금 이 자리에서 그분의 이름을 직접 공개하겠습니다."

헌금바구니를 다 돌린 후 보니 1만 원짜리 지폐 19장과 5천 원짜리 지폐 1장이 들어 있었다. 5천 원짜리에는 다음과 같은 쪽지가 붙어 있었다.
〈나머지 5천 원은 월급날에…〉

공치사 Blamey

딸 : 아빠, 공치사功致辭란 말이 무슨 뜻이야?
아빠 : 공치사란 말은, 엄마가 목사님 앞에서 아빠 칭찬하는 것을 말한단다.

넌센스 Nonsense

- 여자가 좋아하는 남자는? 서 있는 남자
- 소금을 가장 비싸게 파는 방법은? 소와 금을 나누어 판다.
- 만두 장수가 제일 듣기 싫어하는 소리는? 속 터진다.

가장 훌륭한 변론 You remind my behavior

미국 노스캐롤라이나에 사는 한 젊은이가 말을 훔친 죄로 중형을 받게 되었으나 변호사의 강력한 변론辯論으로 무죄로 풀려나오게 되었다.

변호사는 그 젊은이가 밖으로 나오자,
"여보게, 자네가 말을 훔친 거지?"
라고 말했다. 그러자 도둑 왈,
"변호사님이 법정에서 변론하는 것을 들으니 내가 말을 훔치지 않았다는 확신確信이 생겼습니다."

용맹스런 쥐 Brave mouse

어느 동물 모임의 잔치에서 술을 진탕으로 마신 쥐가 고양이에게 주정을 부린다.
"야, 임마. 고양이 너, 잘 만났다. 오늘 나한테 혼 좀 나볼래?"
기가 막힌 고양이는 웃으면서 쥐를 내려다보았다.

"취했군. 술 깬 뒤에 보자."
그러자 쥐가 대꾸를 했다.
"술 안 깨게, 마시고 또 계속 마실 거야."

뒤늦은 후회 Regret

한 할머니가 고양이 옆에 앉아서 등잔을 닦고 있는데, 갑자기 연기가 피어오르며 요정妖精이 나타나 소원 세 가지를 들어주겠다고 했다.
할머니는 기뻐하며 얼른 소원을 말했다.
"부자가 되고 싶어요. 그리고 다시 젊어져야지. 거기다 이 고양이가 잘생긴 왕자로 변했으면 좋겠구려."
그러자 연기가 또 한 번 피어오르더니 할머니는 아름다운 드레스 차림의 매혹적인 젊은 여인으로 변했다.
고양이는 황홀하도록 멋진 왕자가 되어 팔을 벌리고 서 있었다.
젊은 여인으로 변한 할머니가 그 품속으로 녹아 들어가려는 순간, 왕자가 속삭였다.
"이제 당신은 거세 수술을 시키려고 날 수의사에게 데려갔던 일을 틀림없이 후회하게 될 거요."

검은 콘돔 Black condom

아내가 친정 오빠의 장례식을 치르고 돌아와 소복을 벗고 있는데 남편이 옆으로 다가와,

"당신, 오늘밤 굉장히 매력적이야."

하고 말하면서 앞가슴에 손을 집어넣으려고 하자, 아내가 눈살을 찌푸렸다.

"그만둬요. 우리 오빠가 돌아가셨단 말이에요. 도저히 그럴 기분이 나지 않아요."

그러나 남편은 알고 있다는 얼굴로,

"당신이 그렇게 나올 줄 알고 말이야. 상중에 쓰는 검은 콘돔을 사 두었소."

성모 마리아 The mother of God

"자네, 요즘 소문이 좋지 않은 여자랑 교제한다면서?"
"천만에. 성모 마리아 같은 아가씨야."
"행실이 좋지 않다던데 성모 같은 아가씨라니?"
"미혼인데도 아들을 낳았거든."

어머니의 일기 Mother's diary

선희가 창고를 정리하고 있는데 어머니의 일기장이 나왔다.
넘기다보니,

〈1985년 8월 15일. '싼 게 비지떡'이라는 말이 맞는다고 생각한다. 남편이 아주 싼 콘돔이 있다며 시중의 반값으로 사 가지고 와서 당장 시험해 보았으나 금방 찢어져 버렸다.〉

선희는 문득 머리를 들고 생각했다.
그녀는 20세, 1986년 6월 15일생이었다.

투자 Investment

어느 날 아침, 식탁에서 신문을 보던 남편이 증권에 투자한 결과가 좋지 않다면서 우는 소리를 했다.
아내는 나대로 요즘 다이어트가 뜻대로 안 된다고 불만을 털어놓았다.
아내는 전에도 여러 번 다이어트를 시도했지만 제대로 된 적이 없었다.
남편은 증권 시세를 보다가 아내를 흘끔 바라보며 이렇게 말했다.
"내가 투자한 것치고 갑절로 불어난 건 당신밖에 없구려."

진리 Eternal truth

어느 대학의 철학과 교수가 강의 때마다 들고 들어오는 노트는 적어도 10년 이상은 쓴 듯이 낡았다.

교수는 이를 바탕으로 항상 판에 박힌 강의를 했다. 어느 날, 참다못한 학생 하나가 질문을 했다.

"교수님, 교수님은 몇 년째 낡은 노트를 보시면서 천편일률적인 강의를 하시는데 새로운 연구는 전혀 하지 않으십니까?"

그러자 교수가 대답했다.

"아, 이 녀석아. 진리는 영원불변하다는 것도 모르느냐?"

미국 여행담 An account of granny's travels

할머니 두 분이 미국 여행을 한 후, 구경한 얘기를 하고 있었다.

한 할머니가,

"미국이 재미는 있더구먼 그려. 그 중에서도 그년도 개년그랜드캐니언이

제일 볼 만했지."

그러자 다른 할머니가 말했다.

"아녀, 뒤질년들 디즈니랜드이 더 재미있었당께."

차마 뿌리칠 수가 없어서 Pearl

재판장 : 그대는 왜 금은방에서 진주 목걸이를 훔쳤나?

피　고 : 그 진주 목걸이가 걸려 있는 곳 바로 위에 '이 놀라운 기회를 놓치고 후회하지 마시오.' 라는 글이 적혀 있는 것을 보고 뿌리칠 수가 있어야죠?

깜빡 홈쇼핑 히트상품
Hit items on homeshopping channel at kkambac

+ 과자

1년에 한 번 목욕 가시는 분, 가기 전에 먹는 과자 - 때빼로

신혼 첫날 밤 친구들이 들이닥쳐 할 수 없이 내놓는 과자 - 왜와스

신앙심 깊은 사람이 기도 후 먹는 과자 - 오!예수

고개 숙인 남편을 위해 마누라가 힘내라고 주는 과자 - 새워깡

+ 음료

먹으면 작은 코가 커지는 음료 - 코가 클라

신용불량자, 힘내라고 권하는 음료 - 가프리

과외 선생님에게 수고했다고 학부형이 주는 음료 - 레쓴비

할아버지 할머니가 좋은 일 있을 때 드시는 음료 - 칠순사이다

+ 신발

건망증 심한 사람 물건 쉽게 찾을 수 있는 신발 - 어디둬스

손재주 없는 사람이 신으면 장인 정신이 생기는 신발 - 맨드러바

눈 나쁘신 사람에게 권하는 신발 - 라식스

신으면 느낌이 꽉꽉 오는 신발 - 필와

✚ 라면

서민 울리는 국회의원들이 주로 먹는 라면 - 양심 쉰라면

미팅 가서 맘에 안 드는 파트너 만났을 때 시키는 라면 - 너구려

국민라면. 특히 영화 좋아하는 사람을 위한 라면 - 안성기면

✚ 기타 생활용품

가슴 작은 여성들이 먹는 아이스크림 - 브리뽕콘

마술에 걸린 여성들 힘내라고 권하는 생리대 - 파이팅

술 먹은 다음날 견디라고 먹는 약 - 견디셔

빼빼로가 칸쵸를 무서워하는 이유
Why chancho is strongest

빼빼로와 칸쵸와 새우깡은 친구다.

빼빼로는 항상 등하굣길에 칸쵸의 가방을 들어 주고 칸쵸의 준비물을 대신 챙겨 오고 필기도 대신해 준다.

어느 날, 이를 이상하게 생각한 새우깡이 말했다.

"야, 빼빼로야. 너는 왜 그렇게 칸쵸를 무서워하니?"

그러자 빼빼로가 아주 조심스럽게 속삭였다.
"너 칸쵸 새끼 등에 문신 못 봤냐?"

말 시키지 말라니까 Don't talk to me

머리에는 갓을 쓰고 소를 타고 가는 사람에게 나그네가 물었다.
"여보시오. 이 마을에 주가가 어디 있소?"
"주가는 없고 박가, 정가는 있소이다."
"그게 아니라 술집 말이오."
"술집술이 들어가는 집은 당신 코 밑에 있잖소."
"여보시오. 그 쓴 것이 무엇인데 그런 말대꾸를 한단 말이오?"
"쓴 것? 그야 곰의 쓸개가 쓰지."
나그네는 화가 났다.
"이놈아, 네 대가리에 쓴 것 말이다."
"대가리 쓴 것은, 가물 때 오이 대가리가 쓰지."
"예끼, 말 못할 녀석이로군."
"글쎄, 말 못 탈 처지이기에 소를 탔지."

직업별 웃음소리 Laugh style on jobs

- 색마의 웃음················Girl girl girl 걸걸걸
- 살인마의 웃음··············Kill kill kill 킬킬킬
- 요리사의 웃음··············Cook cook cook 쿡쿡쿡
- 남자 바람둥이 웃음··········Her her her 허허허
- 여자 바람둥이 웃음··········He he he 히히히
- ·축구 선수의 웃음···········Kick kick kick 킥킥킥
- 수사반장의 웃음············Who who who 후후후
- 인기가수 웃음··············Sing good sing good 싱굿싱굿
- 남자 무용수의 웃음··········He ballet 헤벌레
- 여자무용수의 웃음···········Her ballet 허벌레
- 똥개의 웃음················Poop poop poop 풉풉풉

탈무드, 교육 유머 3

Talmud

세계적으로 석학들을 많이 배출해 온 유대인들의 살아 있는 성전.
노벨상 수상 과학자 가운데 유대인들이 전체 20%를 차지한다.

오늘날까지 세계적인 석학들을 많이 배출한 민족으로 꼽히는 유대인들처럼 유머를 즐기는 민족도 드물다. 우리는 흔히 친구 사이에서나 농담을 주고받는 것으로 생각하지만, 유대인들은 친구는 물론 부모·형제·자식·사제간 등 폭넓게 곧잘 익살스러운 농담을 주고받는다.

유대 격언 중에 이런 말이 있다.

"생물 중에서 인간만이 웃음을 안다. 인간 중에도 현명한 자만이 잘 웃는다."

인간 생활에서 웃음은 대단히 중요하며, 그것은 인간만이 누릴 수 있는 특권이라는 것을 강조한 말이다.

학교에서 선생님이 숙제 답안지 채점을 하다가 중얼거렸다.

'지독하게 못했군. 어떻게 혼자서 이렇게 많이 틀릴 수 있을까!'

이 말을 들은 학생이 대꾸했다.

"저도 그렇게 생각하는데요! 실은 아버지와 어머니가 도와주신 걸요."

그러자 선생님과 학생들이 모두 박장대소했다.

초등학교 5학년 아들이 심심했던지 어머니에게 농담을 걸어 온다.

"엄마, 나 태양이 떨어지는 거 보러 갔다 올게요."

이 말을 들은 어머니는 재치있게 받아넘긴다.

"그래, 하지만 너무 가까이 가면 못써요."

그리고는 둘이서 깔깔대고 웃는다.

얼마나 재치있는 유머인가. 이런 유머를 주고받으며 유대인들은 자녀를 자연스럽게 교육시켰다. 윽박지르고 체벌하고 꿀밤을 매겨가면서 가르치는 우리 현실과는 사뭇 다르다.

유대의 격언 중에 또 이런 것이 있다.

"화가 났을 때는 가르칠 수 없다."

유대인들은 유머를 가장 수준 높은 지적 활동이라고 생각한다. 유머는 가정 생활을 명랑하게 하고 부드럽게 해 주며, 자라나는 어린이들에게 굳어진 마음을 풀어 주고, 공부에 시달리는 머리에 여유를 주기 때문이다.

명답 Excellent answer

결혼 정보회사 사이트에 한 남자가 원하는 배우자형을 다음과 같이 써 넣었다.

'키가 커야 함. 각선미가 있어야 함. 미인이어야 함. 재산이 많아야 함.'

잠시 후 해당란에 답하라는 설문이 나왔다.

'당신은 키가 큰가? 체격이 좋은가? 미남인가? 재산이 많은가?'

사나이는 주저하다가 모두 '아니오' 라고 써넣었다.

컴퓨터는 즉시 다음과 같은 답을 내놓았다.

'미쳤군!'

위대한 목사 Great priest

젊은 목사가 책을 읽다가 그의 부인에게 물었다.
"당신 생각에 위대한 목사가 얼마나 있는 것 같소?"
"전 잘 몰라요. 하지만 당신이 생각하는 것보다는 한 명 적을 거에요."

담배를 끊는 이유 Quit smoking

"자네는 담배 안 피우나?"
"끊었습니다."
"힘들었을 텐데… 왜?"
"다섯 살 막내가 엄마 젖에서 자꾸 담배 냄새가 난다고 야단이라서요."

틀니 Artificial tooth

주일학교 소풍에서 목사가 좁은 돌다리를 건너고 있다가 재채기를 심하게 하는 바람에 틀니가 맑은 시냇물 속에 풍덩 빠졌다.
무척 걱정도 되고 창피하기도 한 목사는 신발을 벗고 물 속으로 틀니를 찾으러 들어갔다.
바로 그때, 머리가 하얗게 새고 키가 자그마한 할머니가 음식이 가득 찬 바구니를 들고 가다가 이 장면을 목격했다.
목사의 곤경困境을 알아챈 할머니는 바구니에서 잘 구워진 닭다리를 꺼내 끈으로 묶어 틀니가 있는 근처로 던졌다.
재빠르게도 틀니는 닭다리를 물어 안전하게 틀니를 건져낼 수 있었다.

대화 Conversation

두 남녀가 다정하게 밤길을 걷고 있었다.
남 : 있잖아, 나 너무 너무 행복해.

여 : ……

남 : 자기 핸드백 속에 피임약이 들어 있는 걸 살짝 훔쳐봤거든.

채권자의 부류 Classification

채권자가 채무자를 윽박지르며 말했다.

"당신에게 꾸어 준 천만 원은 언제 갚을 거요?"

"실은 나는 채권자를 세 종류로 구분하고 있습니다. 첫 번째는 어떻게 든 융통해서 갚아야 할 상대이고, 두 번째는 내가 갚기까지 기다려 주는 상대. 세 번째는 갚지 않아도 뭐 그렇게 떠들지 않을 것이라고 생각하는 상대. 이런 식으로 되어 있습니다."

"그럼 나는 어느 부류에 들어 있소?"

"당신은 지금 첫 번째에 속합니다. 그러나 너무 떠들면 두 번째가 되며, 게다가 절대로 승진시키지 않겠습니다."

나도 여자야 Once woman, always woman

코사크 산적이 습격해 온다는 소문을 듣고 유대인 마을 사람들은 젊은 여자들을 한 곳에 숨겨 놓았다.
처녀들이 부들부들 떨면서 주위를 둘러보니 노파 한 사람이 섞여 있는 것이 아닌가! 한 처녀가 말했다.
"할머니, 할머니는 도망치지 않아도 되잖아요."
노파는 대답했다.
"산적이라도 늙은이가 있을 것 아니야."

마지막 복수 Revenge

아내 앞에서는 숨도 제대로 쉬지 못할 정도로 공처가인 한 남편이 죽음을 앞두고 그의 아내에게 유언했다.
"여보, 내가 죽거든 내 사업의 동반자와 재혼하시오. 이건 나의 간곡한 부탁이오."

아내는 긴장하며 물었다.

"여보, 그 사람은 당신을 속인 동업자였잖아요."

"그러니까 그 녀석과 재혼을 하라는 거야. 이것이 나의 마지막 복수니까."

직업병 Occupational disease

오랫동안 판사를 지낸 분이 퇴직하고 목사가 되었다.

처음으로 결혼식 주례를 맡게 되어 신부에게,

"그대는 이 남자를 그대의 남편으로서 인정하는가?"

라고 물었다.

"예, 인정합니다."

신부가 대답했다.

목사는 신랑을 보고 말했다.

"피고被告는 이에 대해 할 말이 있는가?"

통사정 The easiest way

최종시험을 하루 앞두고 아름다운 여대생이 교수의 방으로 찾아갔다.
"교수님, 전 이 학과에서 합격점을 따기 위해서라면 무슨 짓이든지 하겠습니다."
"무슨 짓이든 하겠다고?"
"네, 무슨 짓이든지요."
그러자 교수가 물었다.
"공부도 마다하지 않겠단 말이지?"

불면증 Insomnia

환자 : 저는 잠을 통 못 자요.
의사 : 그럼, 간호사를 채용해서 그녀에게 15분마다 키스하십시오.
환자 : 그럼, 잠이 오나요?
의사 : 아니요. 깨어 있는 것이 즐거워지죠.

떨어지셨나요? You looks like monkey

험상궂은 건달이 시골길을 터벅터벅 걷다 보니 한 농부가 논에서 일을 하고 있었다.
심심한 건달은 그 농부를 놀려 주려고,
"여보시오, 혹시 이곳에 원숭이를 가득 실은 트럭이 지나가는 것을 보지 못했소?"
라고 하자, 농부가 대답했다.
"못 봤는데요. 그런데 어쩌다 그 트럭에서 떨어지셨나요?"

방종한 딸 Difference

"난 너의 아빠와 결혼하기 전에는 남자하고 자본 일이 없단다."
엄한 어머니가 방종한 딸에게 말했다.
"너도 나중에 네 딸한테 이런 말을 할 수 있겠니?"
"할 수 있어."
하고 딸이 대꾸했다.
"다만 엄마처럼 그렇게 정직한 얼굴을 하지는 못하겠지만요."

마음에 드는 색깔 Favorite color

초보 여자 운전자가 신호등 앞에서 쩔쩔매고 있었다. 빨강이 파랑으로 바뀌고 파랑이 노랑으로 바뀌고 마침내는 다시 빨강으로 되었다.
뚜벅뚜벅 다가온 경찰이 말했다.
"부인, 어떻게 된 겁니까? 마음에 드는 색깔이 나올 때까지 기다리겠다는 건가요?"

채찍질 Whipping

낡은 승용차를 몰아 가파르고 긴 고갯길을 천천히 올라가던 달호와 민호는 트레일러 뒤까지 따라가서 속도를 늦췄다. 그 트럭이 너무 느리게 가고 있었으므로, 달호는 추월하려고 앞으로 나갔다.

달호의 차가 앞으로 나가려는 순간, 속도가 더 이상 오르지 않았다.

몇 번 시도한 끝에 추월할 수 있는 위치로 간신히 나와 마지막으로 가속 페달을 밟았다. 달호의 차가 그 트럭과 나란히 했을 때, 민호가 갑자기 웃음을 터뜨렸다. 차가 말을 듣지 않아 속이 상해 있던 달호는 왜 그러나 하고 그 트럭 운전사를 올려다보았다.

그 운전사는 허리띠를 풀어서 트럭에 열심히 채찍질을 하고 있었다.

내가 안 그랬어! It's not my fault!

어느 날 저녁, 누이는 2층의 침실에서 자고 있었고, 누이의 8살짜리 아들 민호는 아래층 자기 방에 있었다.

자고 있던 누이가 갑자기 뭔가 부서지는 요란한 소리에 놀라서 눈을 떴다. 큰 트럭이 인도를 넘어 집을 들이받으면서 거실을 부수고 들어와 간신히 멈춘 것이다.

누이의 머리에 제일 먼저 떠오른 것은 아들 민호가 어떻게 됐을까 하는 걱정이었다.

그래서 황급히,

"민호야!"

하고 소리를 질렀더니 아래층에서 아들의 큰 목소리가 들려 왔다.

"엄마, 내가 안 그랬어!"

오해하지 마세요 Don't get me wrong

만찬회에 연사로 초대받은 사람이 시간에 늦을까 봐 허겁지겁 서둘러 갔다. 주빈석에 앉아 음식을 먹으려다 틀니를 빼놓고 온 것을 알게 되었다. 옆에 앉아 있는 손님에게 틀니를 잊어버리고 왔다고 했더니,

"염려할 것 없어요."

라며 주머니에서 틀니를 하나 꺼내 주었다. 끼워 보니 너무 헐거웠다.

너무 헐겁다고 하자,

"그럼, 이것을 끼워 보시죠."
라고 말하며 다른 것을 주었다.
그런데 이번에는 너무 작아 꽉 끼었다. 가까스로 틀니를 뺀 후 너무 작다고 하자, 그 사람은 조금도 당황하는 기색이 없이 또 하나를 꺼내 주는 것이었다.
그것을 끼워 보니 꼭 맞았다.
맛있게 음식을 먹고 연설도 잘 마친 후 틀니를 뽑아 주며,
"저를 도와주셔서 감사합니다. 치과를 어디서 하십니까? 줄곧 선생님과 같은 훌륭한 치과의사를 찾고 있었거든요."
라고 하자 그 사람이 말했다.
"저는 치과의사가 아닙니다. 어느 의사가 그리 많은 의치를 가지고 다닙니까? 저는 장의사를 하고 있지요."

말꼬리 잡기 WORD PLAY

1. 절 좋아하세요? → 그럼 불국사로 오세요.
2. 전부터 생각해 봤는데 너라면 → 잘 끓이더라.
3. 네가 정말 원한다면 → 난 네모 할게.

4. 너만을 → 난 앙파를

5. 실은 정말 사랑했었어. → 바늘을

6. 너밖에 없어 난 → 안에 있을게.

7. 지금은 그냥 친구지만 10년 후에는 이렇게 부르고 싶어. 여보 → ~게 친구.

8. 너는 나의 전부 → 치는 실력 알지?

9. 다시 만나 줘 → 미역은 너 먹고.

10. 너 보고싶어 → 렇게 질렸어.

11. 싸가지 → 고 와서 먹어.

12. 우리 앞으로 만나지 말자. → 뒤로 만나자.

13. 너 학교에 못생겼다고 소문났어. → 난 망치 생겼다고 소문났고.

14. 너 재수 없어. → 한번에 대학 가야 돼.

15. 이젠 정말 사는 것이 싫어. → 팔아서 돈 벌고 싶어.

16. 이별은 무엇일까? 이별은… → 지구야.

17. 나 정말 아파 → 트에 살아.

18. 여태껏 속여 와서 미안해. 나도 사실 악혼자… → 믹었어.

19. 넌 왜 사니? → 난 삼인데.

20. 보낼 수 없어. → 그럼 주먹 낼까?

그까이꺼 My turn

시아버지의 상툿고를 매어 달라는 말에, 부엌에 있던 며느리가 들어와서 만져드린다. 그런데 시아버지 눈앞에 며느리의 앞섶으로 연적 같은 젖이 그 모습을 내밀고 있다.
딸기처럼 예쁜 젖꼭지가 시아버지의 코끝에 닿을락 말락……. 영감은 자기도 모르는 사이에 그만 젖꼭지를 쪽!
그런데 일이 얄궂게 되느라고 바로 그 순간에 아들 녀석이 들어왔다.
"아버지, 그게 무슨 짓이오? 어째 내 색시의 젖을 빠시오!!"
"아, 이 녀석아. 넌 내 여편네 젖을 5년이나 빨지 않았니. 그래, 내가 네 여편네 젖 딱 한 번 빨았거늘, 그까이꺼 가지고 뭘 그러냐?"

후임병의 비애 The sorrows of enlisted soldier

고참과 후임병이 어느 날 목욕탕에 갔다.
한참 때를 밀고 있는데 고참이 후임병에게 말했다.

"등 밀어!"

후임병은 고참의 등을 열심히 정성을 다해 밀었다.

고참이 후임병의 등을 밀 차례였다.

고참이 후임병의 등에 때타월을 대고 말했다.

"움직여!"

애인과 마누라 Lover and wife

✚싸우는 이유

애인 : 약속 시간 1분 지각, 하루에 전화 22번 안 한 것

마누라 : 사소한 립스틱 자국, 오전 4시의 빠른 귀가

✚쓸데없는 걱정

애인 : "저렇게 먹는 게 부실해서 몸 약해지면 어쩌지…"

마누라 : "저렇게 많이 먹어서 배 터져 죽으면 어쩌지…"

✚착각

애인 : '그녀 없이는 못 살 거야. 그녀도 나 없으면 못 살겠지?'

마누라 : '절대 마누라는 모를 거야.'

✚운전 연습

애인 : 실수하면 손잡는 재미. 귀엽게 봐준다.

마누라 : 실수하면 욕하는 재미. 절대 안 봐준다.

✚자주 하는 말

애인 : 사랑해! 보고 싶어! 전화할게! 잘 자! 알지?

마누라 : 하지 마! 죽고 싶어! 그냥 잘게! 시끄러워! 몰라?

✚사랑스러울 때

애인 : 힘들고 피곤할 때 옆에서 위로해 줄 때

마누라 : 힘들고 피곤할 때 옆에서 조용히 잘 때

로라 부시, 내조 유머 4

Rora Bush

조지 부시 대통령의 부인.
전 민주당 당원.
1946. 11. 4 ~

조지 부시 대통령의 재선 이후 '최적격의 퍼스트레이디'로 부상하고 있는 로라 부시의 인기 비결은 어디에 있을까?

"나는 저녁 9시만 되면 잠에 곯아떨어지는 남자와 결혼한 위기의 주부입니다."

"부시 대통령은 그로포드 목장에 자주 가지만 사실 목장 일에 대해 거의 모릅니다. 언젠가 그가 말 젖을 짜려고 했는데 그 말은 수놈이었지요."

미국 백악관 출입 기자단 연례 만찬에서 좌중을 웃긴 조지 부시 대통령의 부인 로라 부시 여사의 재치있는 유머다.

이 유머는 사실 정치유머작가 랜던 파빈의 작품이라고 한다.

부시 여사가 만찬장의 주인공이 된 것은 부시 대통령의 아이디어였다.

이를 위해 부시 여사는 파빈을 백악관으로 불러들여 각본을 짠 후 며칠 동안 연습을 했고, 결국 만찬장의 코미디언으로 성공적인 데뷔를 했다.

로라 부시의 유머는 남편의 정치적 발언으로 자칫 무거워질 수 있는 만찬을 흥겨운 자리로 뒤바꾼 윤활유 역할을 해낸 것이다.

다른 역대 대통령 부인 가운데서 유난히 내조를 잘 하기로 평가받는 로라 부시는 존 케리 민주당 대통령 후보가 줄기세포연구를 지지하는 정책을 발표하자,

"우스꽝스럽다."

하고 일축하면서, 남편의 정책을 옹호해서 화제를 끌었다. 재치있는 유머야말로 딱딱한 이미지의 남편을 뒷받침해 주는 커다란 받침목이 되었던 것이다.

위선 Pretender

부모를 살해한 살인마가 재판장에게 자신의 처지를 이렇게 호소하였다.

"재판장님, 부디 이 고아에게 자비를 베풀어 주옵소서."

사윗감 Take him in marriage

아빠 : 선미야, 좋은 청년과 결혼하고 싶으면 달호와 결혼해라.
선미 : 아빠, 달호 씨가 좋은 청년이라는 것을 어떻게 아세요?

아빠 : 왜냐하면 내가 6개월 전에 그에게서 30만 원을 빌렸는데 아직까지 한 번도 달라는 말을 하지 않더라. 그리고 오늘 15만 원을 또 꾸어 주고는 15만 원이 더 필요하지는 않느냐고 묻잖니? 참으로 마음씨 착한 청년이더라.

악필 때문에 Bad handwriting

영국의 비극 작가 윌리엄 찰스 맥레디Macready는 얼마나 글씨를 갈겨쓰는지 다른 사람은 도무지 알아보지 못했다.

그는 가끔 그의 작품이 연극으로 상영될 때 친구나 친지를 극장으로 초청하곤 했는데, 그가 친필로 쓴 초청장을 받은 사람치고 곤란을 당하지 않은 사람이 없었다.

그의 작품이 미국 뉴올리언스에서 상영될 때 몇몇 문우들에게 친필로 초청장을 보냈다. 모건이란 사람도 그의 초청장을 받았으나 도무지 무슨 내용인지를 알 수가 없었다. 모건은 고민하던 끝에 의사의 처방전과 비슷하다고 여겨 가까운 약국으로 달려갔다.

약사는 아무 말도 하지 않고 알약 두 개와 물약 한 병을 꺼냈으나, 다음 글자가 무엇인지 몰라 궁리 끝에 할 수 없이 그의 상사에게 가지고 갔다.

상시는 약사가 들어온 지 얼마 되지 않아 잘 모른다고 말하고는 자기가 다른 약 세 병을 거기에 첨가했다.

그러나 다음 줄을 읽으려니 도무지 이해가 되지 않자, 그냥 짐작으로 주는 수밖에 없다고 생각했다. 부하직원이 내놓은 것을 보니 감기약이고, 자기가 내놓은 약은 소화제였다.

그러면 필경 영양제일 것이라고 생각하고 영양제를 한 병 첨가시킨 후, 약 복용 방법을 설명하고 2달러를 청구했다. 모건은 졸지에 환자가 되어 그 약값을 치르고 약사가 시키는 대로 복용했다.

2~3일 후 맥레디를 만난 모건은 덕분에 환자가 되어 약을 잘 복용했노라고 하자, 맥레디는 이렇게 말했다.

"내가 편지를 보내면 받은 사람들은 모두 약사에게로 달려가니, 내가 의사가 되지 않은 것이 비극 중의 비극이군."

임자 Daring

두 소년이 허겁지겁 병원으로 뛰어 들어왔다.

"저는 금화를 삼켰어요."

키 작은 소년이 의사에게 말했다.

"아, 그럼 같이 온 이 애는 네 형이냐?"
그러자 같이 온 키 큰 아이가 말했다.
"아니요. 저는 그 금화의 임자예요."

60살 된 딸은 없나요? The oldest daughter

딸이 많은 노인에게 한 젊은이가 찾아와서 장가를 들겠다고 했다. 그 노인은 기분이 좋은 나머지, 자기 자랑을 늘어놓았다.
"나는 착한 딸들이 여럿 있는 것을 참으로 기쁘고 다행스럽게 생각하고 있다네. 그래서 그 딸들을 위하여 재산을 모아놓았지. 우선 내겐 선미라는 25살 된 딸이 있는데 매우 영리하고 예쁘지. 그애가 결혼하면 주려고 5천만 원을 마련해 놓았네. 그리고 그 다음으로는 선영이라는 딸이 있지. 나이는 35살인데 그애도 참 좋은 딸이지. 그애를 위해서는 1억을 준비해 놓았고, 그 다음 선희라는 딸이 있는데 40살이라네. 그애와 결혼하는 사람에게는 1억 5천만 원을 줄 거라네."
"그럼 혹시 그 다음으로 50살이나 60살 된 따님은 없습니까?"

하느님과 사기꾼 Wait just one second

이 세상에서 가장 사기를 잘 치는 사기꾼과 하느님이 대화를 나누게 되었다.

사기꾼 : 하느님, 인간에게 10억 년이, 하느님에게는 1초라면서요?

하느님 : 그럼, 그럼.

사기꾼 : 그럼 인간의 10억 원이, 하느님에게는 1원밖에 안되겠네요?

하느님 : 그럼, 그럼.

사기꾼 : 하느님, 그럼 저에게 1원만 적선積善해 주세요.

하느님 : 오냐, 알았다. 1초만 기다려 다오.

시험에 들지 말게 하옵소서
Lead me not into temptation

주차할 곳을 도저히 찾지 못한 청년 하나가 주차금지 구역에 주차를 시키며 다음과 같은 메모를 써서 유리에 붙여 놓았다.

〈경찰관 귀하- 나는 이 주변을 20바퀴나 돌았으나 결국 주차할 곳을 찾지 못했습니다. 오늘 중요한 약속이 있는데 그 약속을 지키지 않으면 나의 직업을 잃습니다. '나의 죄를 사하여 주옵소서.'〉

용무를 다 마치고 돌아와 보니 다음과 같은 쪽지가 그의 글 옆에 나란히 붙어 있었다.

〈차주에게- 나는 이 주변을 20년 동안이나 순찰했습니다. 만약 내가 위반 딱지를 떼지 않으면 나는 내 직업을 잃습니다. 그러하오니 '나를 시험에 들지 말게 하옵소서!'〉

우리 교회를 위한다면 For our church

건물이 너무 오래되고 낡아서 개축이 필요한 교회가 있었다. 어느 주일날 목사님은 그 마을의 가장 부유한 성도를 노골적으로 쳐다보면서 교회 개축의 필요성을 강조했다.
목사님의 말씀이 끝나자, 그 부자가 일어나서 말했다.
"목사님, 제가 천만 원을 헌금하겠습니다."
마침 그때 낡은 예배당의 천장에서 시멘트 부스러기가 부자의 어깨 위로 떨어졌다. 그는 다시 벌떡 일어나더니,
"5천만 원으로 하겠습니다."
라고 번복했다. 부자가 채 자리에 앉기도 전에 또 천장의 시멘트 부스러기가 떨어졌다. 그러자 그 부자는 또다시 일어나서 외쳤다.
"목사님! 두 배로 드리겠습니다."
부자가 다시 자리에 앉자 이번에는 무척이나 큰 시멘드 부스러기가 그의 머리 위에 떨어졌다.
그는 반사적으로 벌떡 일어나 소리쳤다.
"목사님! 2억 원으로 할게요."
이 광경을 지켜본 집사님 한 분이 말했다.
"주여! 저 부자를 계속 내리치소서."

모기 Mosquito

더위가 한창인 8월 초순.
해가 뉘엿뉘엿 저물자, 시아버지 모기가 외출 준비를 하고 있었다.
그러자 며느리 모기가 쪼르르 날아오더니 여쭙는다.
"아버님, 저녁 진짓상 봐놓을까요?"
시아버지 모기는 잠시 생각을 하더니 고개를 옆으로 저었다.
"그만두려무나. 지금 나갔다가 느리고 둔하고 순한 인간을 만나면 저녁을 푸지게 먹게 될 테고, 독하고 빠르고 모진 인간을 만나면 영영 돌아오지 못할 테니 말이다."

관 쓰면 글 아냐? Here you are

무식한 양반이 관을 쓰고 뜰을 거닐고 있을 때, 하인이 편지 한 장을 들고 물었다.
"마님, 이게 어디서 온 편지입니까?"

"나는 모른다."

"아니, 관을 쓰신 분이 문자도 모르신단 말이에요?"

무식한 양반은 관을 벗어 하인에게 주면서,

"옛다, 너나 쓰고 읽어 보렴."

홍보용 지옥 PR

정직하고 덕망이 높은 한 상인이 죽게 되었을 때, 앞으로 살 거처를 선택할 수 있도록 천국과 지옥을 잠깐씩 둘러봐도 좋다는 허락을 받았다.

그런데 천국의 경건한 분위기, 기도와 설교 따위가 마음에 들지 않았다. 자기가 살아 생전에 늘 하던 일이었기 때문이었다.

그에 비하면 지옥은 훨씬 좋았다.

잠깐 들여다보니 마시고 춤추는 광경에다 아름다운 여자들까지 보이기에, 지옥을 택하기로 했다.

그런데 죽어서 막상 지옥으로 가 보니 끓는 기름에다 형벌의 고통이 가득 차 있었다.

그 상인은 울상이 되어서,

"지난번의 그 지옥은 어디 있소?"

하고 물었다.

그러자 그를 따라왔던 악마가 어깨를 으쓱하더니 이렇게 말하는 것이었다.

"그건 홍보용 지옥이죠."

바쁘다 바빠 Very very busy

수고양이가 온 동네를 휘젓고 다니며 소란을 피웠다.

골목길을 내달리는가 하면, 비상계단을 뛰어 올라가기도 하고, 지하실로 잠입하기도 했다.

참다못한 이웃 사람이 고양이의 주인집 대문을 두드렸다.

"댁의 고양이가 미친 듯이 뛰어다니고 있어요."

그러자 주인이 대꾸했다.

"네, 알고 있어요. 그 녀석을 거세했거든요. 그랬더니 여기저기 뛰어다니면서 약속을 취소하고 있는 거예요."

다. 혹시 덩치만 커다란 얼간이 같은 고릴라는 들을 수 있을지도 모르지만……."

"이 소리를 들으면 정말 우리 개가 돌아올까요?"

"그럼요. 아마 듣자마자 좋아서 달려올 겁니다."

여주인은 그 호루라기를 사들고는 좋아라 하며 집으로 돌아갔다.

그 날 저녁 개가 뒷문으로 나간 지 10분쯤 지난 후 여주인은 호루라기를 힘껏 불었다.

그랬더니 개는 오지 않고 거실에서 텔레비전을 보던 남편이 부엌으로 얼굴을 내밀며 투덜거렸다.

"아니, 누가 이 밤중에 호루라기를 불지?"

서면 제출 Document

승진을 하고 나서 의욕에 넘친 우리 회사의 젊은 생산부장은 부하 직원들에게 앞으로는 자기에게 할 말이 있는 사람은 서면으로 제출하라고 지시했다.

다음날 아침, 생산부장이 한 연로한 직원과 마주쳤는데, 그 사람은 주머니에서 작은 카드를 하나 꺼내 부장에게 건넸다.
카드에는 단정하게 두 글자가 적혀 있었다.
〈굿 모닝〉

추천서 Job recommendation

회사에 취직하러 온 젊은이가 담임 목사 추천서를 가지고 왔다.
사장은 그 추천서를 받아들더니,
"우리는 일요일에 일하지 않소. 일요일만 당신을 보는 목사님 말고 평일에 당신을 보는 사람의 추천서를 받아 가지고 올 수 없소?"

헌금이란 Collection

천주교 신부와 개신교 목사, 유대교 랍비가 헌금에 대해서 이야기를 했다. 신부가 말하기를,

"선을 그어 놓고 돈을 공중으로 날려 선 밖에 떨어지는 것은 하느님께 드리고 안에 떨어지는 것은 내 것이라고 하죠."

라고 하였다. 또 개신교 목사가 말하기를,

"나는 원을 그려 놓고 원 안에 떨어지는 것은 하느님의 것이고 밖에 떨어지는 것은 내 것이죠."

그러자 유대교 랍비는 이렇게 말했다.

"저는 다르죠. 일단 모든 것을 다 하느님께 드리고, 하느님이 되돌려 주시는 것만 제 것으로 합니다. 어떻게 하느냐고요? 돈을 모두 공중으로 던집니다. 돈이 공중에 머무는 것은 하느님의 것이고요. 땅에 떨어지는 것은 모두 제 주머니에 넣죠."

예의 Courtesy

친구가 전화를 걸어 자기의 일곱 살짜리 아들의 생일파티에 왔던 우리 아들이 어쩌면 그렇게 예의가 바르냐고 칭찬이 대단했다.
우리 아들이 그 집에 도착하더니 첫 마디로 이런 말을 하더라는 것이다.
"안녕하세요, 제가 잊어버릴까 봐 미리 말씀드리는데요. 오늘 저녁엔 정말 재밌게 놀았습니다."

강아지 전용 호루라기 Whistle

집에서 기르는 개가 한번 나가면 멀리까지 달아나선 아무리 이름을 부르고 얼러도 돌아오지 않고, 실컷 놀고 나서야 돌아오곤 했다.
여주인은 마침내 가축병원에 가서 조언을 구했다.
얘기를 듣고 난 의사가 이렇게 말했다.
"그렇다면 저희가 새로 개발한 초음파 호루라기를 한번 써보시죠. 특별히 고안된 거라 개한테만 들리고, 사람이나 다른 동물한테는 안 들립니

자동 진단기 Auto diagnosis

한 남자가 팔꿈치 통증 때문에 병원을 찾아가려고 했다. 그러나 친구 하나가 오줌으로 진단하는 첨단 자동 진단기를 소개하며 이제는 병원에 갈 필요가 없다는 것이다.

자동 진단기를 찾은 남자는 소변을 받아 입력기에 넣었다. 그러자 자동 진단기가 요란한 소리를 내며 진료 결과를 출력하기 시작했다.

"당신은 팔꿈치가 골절되었습니다. 매일 더운 물에 담그세요."

집에 돌아온 그는 현대 기술의 놀라운 발전에 감탄하면서 과연 그 진단기가 어느 정도의 인공지능 판별력이 있는지 시험해 보고 싶었다.

그래서 그는 수돗물, 애완견의 침, 아내와 딸의 소변을 조금씩 섞어 자동 입력기에 넣었다. 잠시 후 다시 요란한 소리를 내며 자동 진단기가 다음과 같은 결과를 뽑아냈다.

- 수돗물이 오염되었습니다. 정수기를 구입하세요.
- 당신 개에게 회충이 있습니다. 회충약을 먹이세요.
- 당신 부인은 임신 중입니다. 그러나 당신 자식이 아닙니다. 변호사를 찾아가세요.
- 당신 딸은 마약을 하고 있습니다. 안 죽을 만큼 패세요.
- 팔꿈치를 더운 물에 담그지는 않고 이따위 장난이나 하고 있으면 영영 낫지 않을 것입니다.

훈련소에서 Training school

서울 청년들이 군에 입대했는데 소대장이 경상도 사람이었다.

어느 날 폭탄이 터질 때 피하는 훈련을 하게 되었다.

훈련병들이 전진하는데 수류탄이 날아오자, 소대장이 소리쳤다.

"말캉 수구리." (모두 엎드려)

사투리를 알아듣지 못한 서울 출신 훈련병들은 뻣뻣이 서 있다가 다치고 말았다.

얼마 후 같은 훈련을 다시 받게 되었을 때, 소대장은 사전 설명을 했다.

'말캉 수구리' 는 '모두 엎드려' 란 뜻이라고.

전진하는 도중 수류탄이 날아오자 소대장이 소리쳤다.

"말캉 수구리!"

훈련병들은 모두 엎드려 무사했다.

잠시 후 일어나 계속 전진하던 중 두 번째 수류탄이 날아오자, 소대장이 또 소리쳤다.

"아까 맹키로!" (아까처럼)

말뜻을 알아듣지 못한 훈련병들이 우왕좌왕하는 사이에 수류탄이 폭발하였다.

김삿갓, 방중房中 유머 5

金炳淵

조선 시대 방랑 시인.
속칭 김삿갓 혹은 김립金笠.
전국을 방랑하며 재치있는 시구로 세상을 풍자하였다.
1807 ~ 1863

사람이 한세상 살면서 근심 걱정 없이 유유자적하게 산다는 것은 얼마나 복 받은 일인가. 하지만 그것도 마음먹기 나름이다. 살아가는 동안에 어쩔 수 없이 겪어야 하는 수많은 감정들 속에서 자기 자신이 어떻게 즐거운 마음으로 즐기느냐에 따라 삶의 질이 달라지는 것이다.

김삿갓이 일생을 죽장망혜竹杖芒鞋로 세상을 유람하다가 단천이란 고을에서 결혼(?)을 한 적이 있었다. 젊은 청춘남녀에게 밤은 시간시간마다 천금이 아닐 수 없다. 불이 꺼지고 천재 시인과 미인이 함께 어우러졌으니 어찌 이루 말로 다할 수 있겠는가! 뜨거운 시간에 취해 있던 김삿갓이 마치 찬물을 뒤집어쓴 사람처럼 부리나케 일어나서 불을 켜더니, 실망의 입맛을 쩝쩝 다시면서 벼루에 먹을 갈았다.

그리고 그 좋은 명필로 일필휘지하니,

　　毛深內濶 必過他人
　　깊고 넓어 허전하니 반드시 타인이 지난 자취로다.

이렇게 써놓고 여전히 입맛을 다시면서 한숨을 내리쉬고 앉아 있었다. 신랑의 그러한 행동에 신부가 의아해 마지 않는 것은 자명한 사실. 신랑이 일어나는 바람에 원앙금침에 홀로 남아 있던 신부의 가련은 첫날밤의 부끄러움에 감겼던 눈을 살며시 뜨고 김삿갓이 써놓은 화선지를 살펴보았다. 그녀는 고운 이미를 살짝 찌푸리는가 하더니, 이불에 감싼 몸을 그대로 일으켜 세워 백옥 같은 팔을 뻗어 붓을 잡고서 그대로 내려쓰기 시작했다.

　　後園黃栗不蜂裂 溪邊楊柳不雨長
　　뒷동산의 익은 밤송이는 벌이 쏘지 않아도 저절로 벌어지고, 시냇가의 수양
　　버들은 비가 오지 않아도 저절로 자라니라.

글쓰기를 마친 신부는 방긋 웃더니 제자리로 들어가 눈을 사르르 감고 누웠다. 신부가 써놓은 글을 본 김삿갓은 잠시 풀렸던 흥이 다시 샘솟으며 신부를 끌어안지 않을 수 없었으리라.

직업정신 Job mind

달호는 그 지역에서 널리 알려진 도둑이었다. 그런 달호가 어느 날 시내에 있는 교회로 목사를 찾아왔다.

"목사님, 제가 현금이 가득 든 지갑을 주웠는데 이것을 주인에게 돌려주고 싶습니다. 그 일에 목사님의 힘을 빌리고 싶습니다."

"물론 기꺼이 도와드리죠."

뜻하지 않은 남자의 제의에 놀라면서도 목사는 기뻐했다.

"당장 교회 모임에서 짐작 가는 사람이 없는지 물어보겠습니다. 틀림없이 그 주인은 밝혀질 것으로 생각됩니다."

달호가 돌아간 몇 분 후 목사는 자기 시계가 없어진 것을 알았다. 그는 즉각 사람을 보내 달호를 쫓게 했다.

시계는 달호의 주머니 속에 들어 있었다.

목사는 슬픈 듯이 달호에게 말했다.

"나는 당신을 도저히 이해할 수 없군요. 여기에 와서 현금이 가득 찬 지갑을 돌려주겠다고 하고서, 바로 뒤에 기껏해야 5만 원도 안 되는 싸구려 시계를 훔쳐 가다니요."

"무엇을 알 수 없다고 하시는 겁니까? 습득물을 돌려주는 것은 성서의 가르침에 따른 선행이고요. 도둑질은 저의 직업입니다."

먼저 먹다 보니 First thing

네 명의 어린이가 집에서 놀고 있었다.

엄마가 아들의 친구들에게 과자를 주려고 들고 나와 모두 똑같이 나누어 먹으라고 했다.

그런데 한 어린이가 두 개밖에 받지 못했다고 시무룩해 있었다.

알고 보니 다른 어린이가 하나를 더 가진 것이었다.

엄마가,

"얘야, 한 사람에 세 개씩 돌아가는데, 네가 네 개를 가졌으니 쟤가 두 개밖에 못 가졌잖아? 마지막에 가지고 간 것을 내놓으렴!"

그러자 아이가 말했다.

"마지막에 가져온 것은 먼저 먹어버렸는 걸요?"

유유상종 Birds of a feather flock together

미순이는 남이 기르던 앵무새 한 마리를 얻어 기르게 되었는데, 이 새는 상소리를 많이 알고 있었다.

듣기 민망한 소리를 여러 번 듣고 난 미순이는 교회 목사에게 찾아가 이 문제를 의논했다.

목사가 말했다.

"내게도 앵무새 암컷 한 마리가 있는데, 그 새는 아주 신앙심이 깊습니다. 나뭇가지에 앉아서 하루 종일 기도를 한답니다. 아가씨의 앵무새를 가지고 와 보세요. 우리 새에게서 좋은 영향을 받게 될 겁니다."

미순이가 앵무새를 목사의 집에 가져가 새장 옆에 나란히 놓았다.

그러자 미순이의 앵무새가 말하는 소리가 들렸다.

"야! 우리 섹스 한번 안 할래?"

"좋지!"

목사의 앵무새가 맞장구를 쳤다.

"그렇지 않아도 그 놀이 한번 해보게 해 달라고 기도드리고 있었단다."

개밥 Doggie food

어느 식당 주인의 아들이 귀여운 강아지를 기르고 있었다.
아들이 개밥을 만들어 달라고 하자, 아버지는 손님이 있는 쪽을 가리키며 작은 소리로 속삭였다.
"우린 식당을 하니까 일부러 개밥을 만들 필요가 없단다. 저기 저 손님이 먹고 난 찌꺼기를 주면 되거든."
아들은 손님 옆자리에 앉아 손님이 식사를 끝내기만을 기다렸다. 이윽고 손님이 자리에서 일어나기는 했는데, 그릇을 보니 찌꺼기 하나 남김없이 알뜰히 먹어치웠다. 아들은 울상이 되어 아버지를 보고 말했다.
"아빠, 저 손님이 개밥까지 다 먹어 버렸어요."

돈이 좋아 Negotiation

교회 목사가, 부친이 예배 시간에 맨 앞자리에 앉아 예배가 시작되기만 하면 꾸벅꾸벅 졸자 교인들 보기에 민망하여 견딜 수가 없었다.

묘안妙案을 짜낸 목사는 어린 아들에게 말했다.

"할아버지 옆에 앉아 있다가 할아버지가 조시면 쿡쿡 찔러서 깨워드려라. 그러면 내가 천 원을 주마."

아들은 천 원을 받는다는 기쁨에 옆에 앉아 할아버지가 졸 때마다 열심히 깨워드렸다. 그런데 한번은 할아버지가 꾸벅꾸벅 졸고 있는데도 깨우지 않아 목사가 이유를 물었다.

"할아버지께서 깨우지 않으면 2천 원을 준다고 하셨어요."

이상한 약 Medicine

신혼 부부가 바야흐로 잠자리에 들려고 할 때, 신랑이 알약 하나를 꿀꺽 삼켰다.

신부가 놀라는 눈빛으로,

"어머, 강정제强精劑예요?"

라고 물었다.

"아니."

"알았다. 새로 나온 남성 피임약이죠?"

신부는 이번에는 틀림없다는 듯 웃었다.

"아니야."

"그럼 뭐예요?"

"난 배멀미 하는 체질이란 말이야."

피장파장 The same

아주 인색한 농장주가 있었다. 그는 일꾼이 밥을 먹기 위해 일손을 놓는 게 눈에 거슬렸다. 어느 날, 아침 식사 후 그가 일꾼에게 말했다.

"여보게, 밭에서 일하다가 다시 들어와 점심을 먹으려고 몸을 씻고 밥을 먹고 하는 것이 귀찮지 않은가? 아예 점심을 지금 미리 먹고 시간을 아끼는 것이 어떻겠나?"

일꾼이 그러자고 했다.

농장 주인의 아내가 햄·소시지·감자튀김 등을 가져왔고 두 사람은 다시 식사를 시작했다.

점심을 다 먹고 나니 인색한 그 농장 주인은 또 이렇게 말했다.

"여보게, 기왕 식탁에 앉은 김에 우리 저녁까지 다 먹어 버리는 게 어떨까?"

이번에는 스테이크, 삶은 감자와 샐러드가 나왔다.

일꾼은 그것도 먹어치웠다. 농장 주인이 말했다.

"자, 이제 세 끼를 다 먹었으니 들에 나가 하루 종일 쉬지 않고 일할 수 있게 됐군."

"천만에요. 저는 저녁을 먹은 다음에는 일을 하지 않습니다."

라고 일꾼이 대답했다.

증인 Witness

어떤 젊은이가 추행죄로 법정에 섰다.

목격자는 열 살밖에 되지 않은 어린 남자아이였다.

판사는 그 아이를 불러서 목격한 사실을 진술하게 했다.

"이 아저씨가 저 아주머니의 치마를 머리끝까지 걷어 올렸어요. 그리고 팬티를 벗기고 땅바닥에 넘어뜨려 위에 올라탔어요."

"그 다음 어떻게 했지?"

"그리고 엉덩이를 흔들기에 나는 저리 가라는 신호인 줄 알고 저쪽으로 갔으니 그 다음 일은 아무것도 못 봤어요."

부전자전 Like father, like son

어머니가 아들의 방을 청소하던 중 무심코 책상 서랍을 열었다가 깜짝 놀랐다. 노골적인 포르노 사진이 들어 있었던 것이다.

그녀는 출근 준비를 서두르고 있는 남편에게 뛰어가 그 사진을 내밀며 신경질적으로,

"이걸 봐요! 이런 게 저 녀석의 서랍 속에 들어 있었어요! 아직 열 다섯밖에 안 된 녀석이 이런 사진을 갖고 있다니, 어처구니가 없어요. 오늘 저녁에 단단히 야단을 치셔야 해요!"

그는 그 사진을 한참 동안을 열심히 들여다보더니,

"음, 흠씬 야단을 쳐주겠어. 이런 근사한 것을 손에 넣었으면서 내게는 보여 주지도 않다니, 쫀쫀한 녀석이야."

진짜 노랑이 Penny pincher

지독한 노랑이가 있었다.
그를 잘 아는 친구 둘이 이렇게 말을 주고받고 있었다.
"그 녀석은 노랑이지만 아버지는 더했다면서? 그렇다면 그 녀석이 인색한 것은 순전히 유전일 거야."
"모르시는 말씀. 그 아버님이 어떤 노랑이였는데, 그런 걸 물려주겠어?"

장래 희망 Make a decision

"장래에 화가가 될까, 시인이 될까, 몹시 망설여지는군."
"화가가 되지 그래."
"내 그림을 본 적 있어?"
"아니, 너의 시를 읽어 보았지."

철없는 아내 Childish wife

"출장 갔다 올 동안 좀 외롭더라도 참고 있어요. 그 동안은 다른 일은 하지 말고, 식사 잘 하고 심심하면 책도 읽으면서."
"싫어요! 밥만 먹고 어떻게 살아요?"
좀 당황한 남편은 짓궂은 생각이 들었다.
"그래, 뭘 먹어야 한단 말이오?"
아내는 고개를 숙이고 작은 소리로 수줍게 말했다.
"오징어도 사 먹을래요."

술이 술을 먹고 Drunken

고주망태가 된 아들이 들어와 거실에 누우니 집이 빙빙 돌고 기둥이 뱀처럼 꾸불꾸불하며 벽이 쭈그러져 보였다.
얼마 후 거나하게 취한 아버지가 비틀거리며 들어오니 머리가 셋이나 달린 괴물 같은 아들이 거실에 누워 있지 않은가.

"이놈아, 아무리 내가 술주정꾼이기로서니 너같이 대가리가 셋이나 달린 괴물 같은 아들에게 내 재산을 물려줄 줄 알아?"
라고 하자 아들은 두 손을 허우적거리며,
"좋아요. 이까짓 금방 쓰러질 것같이 흔들거리고 벽도 다 찌그러진 집 따위는 필요 없어요."

천당 갈래, 지옥 갈래
High stress of high school student

대학 입시를 준비를 하던 고3 학생이 입시에 대한 중압감에 못 이겨 자살하고 말았다.
하늘나라에 가자 염라대왕이 물었다.
"너 천당 갈래? 지옥 갈래?"
학생은 주저 없이 대답했다.
"어느 쪽이 미달입니까?"

쉬는 시간 Take a rest

공부 시간에 줄곧 졸기만 하는 영철에게 수업을 끝낸 선생님이 이렇게 말했다.
"영철아, 지금부터 쉬는 시간이니까 쉬었다가 졸면 어떨까?"

구사일생 Escape from hell

도둑질로 지내 온 한 사내가 끝내는 너무 늙어서 도둑질을 할 수가 없었다. 이 말을 들은 한 부자는 그를 가엾이 여겨 식량을 보내 주었다.
그 후 부자와 도둑은 같은 날 이 세상을 떠났다.
저승에 가자, 부자가 먼저 하늘의 심판을 받았다. 그는 지옥행이었다.
그가 지옥 입구에 이르렀을 때, 천사가 황급히 따라와 그를 불렀다.
다시 심판장 앞으로 나간 그는 판결이 취소되었다는 것을 알았다.
왜 그렇게 되었을까? 이승에서 도와줬던 그 도둑이 부자의 죄상 기록부를 훔쳐낸 것이었다.

나를 따르시오 Follow me

목사가 신도들에게 간통의 죄악에 대해 훈계하는 도중 그 도가 조금 지나쳤다.
"혼인으로 맺은 속박은 이처럼 신성한 것이기 때문에 나 같으면 차라리 유부녀를 집적거리기보다는 열 명의 처녀와 잘 것입니다."
그러자 신도들 가운데 한 청년이 벌떡 일어나 외쳤다.
"또한 우리들 가운데 누가 따르지 않겠습니까?"

현문현답 Simple question

엄마와 함께 만원 버스에 탄 여섯 살 된 사내아이가 또랑또랑한 목소리로 말했다.
"엄마, 우리 집에 있는 고양이는 아빠 고양이야, 엄마 고양이야?"
"아빠 고양이지."
엄마가 이렇게 대답하자 꼬마는 다시 물었다.

"아빠 고양이인지 어떻게 알아?"
버스 안에 있던 다른 승객들도 엄마가 아들의 질문(質問)에 어떻게 대답하나 궁금하여 모두 귀를 기울였다.
엄마는 아들의 질문을 이렇게 받아넘겼다.
"수염이 났잖아. 너도 봤지?"

어느 무릎이죠? Which one?

날씬한 젊은 여자가 지하철에 탔다. 두 남자 사이에 자리가 있어 조금만 비비고 앉으면 될 것 같아,
"실례하ㅈ···"

라고 하자, 두 남자가 조금씩 비켜 주어 끼어 앉았다.

다음 역에서 뚱뚱한 아주머니 한 사람이 지하철에 올랐다. 너무 뚱뚱해서 씨근덕거리며 힘들게 서 있는데도 아무도 자리를 양보(讓步)하지 않았다. 보다못해 날씬한 여자가 일어서더니,

"아주머니, 여기 앉으세요."

라며 자리를 양보했다.

뚱뚱보 아주머니는 고맙다고 인사하더니, 그 자리에 와서 아가씨에게 물었다.

"아가씨, 어느 남자의 무릎 위에 앉았었나요?"

나도 무식해서 Also stupid

아인슈타인이 열차 식당에서 음식을 주문하려고 메뉴를 들었으나, 깜빡 잊고서 안경을 두고 온 것을 알았다.

할 수 없이 웨이터를 불렀다.

"여보게, 이 메뉴를 좀 읽어 줄 수 없겠나?"

그러자 웨이터는 몹시 가엾게 동정하는 눈치로 말했다.

"어쩌죠, 손님, 저도 무식해서 메뉴를 못 읽습니다."

아무한테도 말하지 마세요
Don't tell anyone

거느리고 있는 군졸들에게 지독히 미움을 사고 있는 한 사또가 있었다.
어느 날, 그 사또가 왜병과 싸우다가 그만 강물에 빠져 거의 죽을 지경이 되었다.
이를 지켜본 한 군졸이 급히 달려가 사또를 위기에서 구해 주었다.
군졸 덕분에 목숨을 건진 사또는 조용히 군졸을 불러 물었다.
"자네 덕분에 내가 목숨을 건지게 되어 고맙기 이를 데 없네. 자네 소원이 무엇인가? 내가 뭐든지 들어줄 테니 말해 보게나."
군졸은 매우 난처한 얼굴을 하더니 이윽고 조심스럽게 말했다.
"사또님, 저는 아무것도 바라지 않습니다. 그저 소원이 있다면, 제가 사

또님을 구했다는 이야기를 절대로 입 밖에 내지 말아 주십시오. 그게 유일한 바람입니다."

사또는 모를 일이라는 듯 눈을 껌벅거리며 물었다.

"어인 까닭인고?"

"제가 사또님의 목숨을 구해 줬다는 사실을 다른 군졸들이 알게 되면 그들이 저를 죽이려고 들 것입니다."

"뭬야?!"

수학만이 살 길이다 Mathematics

"나이가 어떻게 되시죠?"

인구 조사원이 여인에게 물었다.

여인이 말했다.

"계산計算 좀 해봐야겠군요. 제 나이 20세 때 남편과 결혼했는데, 그때 남편은 30세였죠. 지금은 60세니까 꼭 두 배인 셈이죠. 내 나이 20세의 두 배면 40세로군요."

맛으로 승부하세요 Please beat it with taste

한 종갓집 며느리가 우여곡절 끝에 아들을 출산했다.
산후 조리에 여념이 없던 어느 날, 시어머니가 손자에게 젖을 물리고 있는 광경을 목격하게 되었다.
너무 어이가 없어 남편에게 이야기했지만, 남편은 아내의 말을 무시했다. 생각다 못한 며느리, 여성상담소에 전화를 걸어 하소연했다.
한참 며느리의 하소연을 듣고 있던 상담사가 딱 한 마디 조언을 했다.
"맛으로 승부하세요."

알뜰족의 휴가 Tightwads vacation

이집트 : 이틀 동안 집에 틀어박혀 눈꺼풀 덮고 산다.
방   콕 : 방바닥에 콕 코를 파묻고 지낸다.
동남아 : 동네에 남아 있으면서 동네 아이들과 어울려 지낸다.
사이판 : 나무 그늘 사이에 좌판 깔아 놓고 고스톱 치며 지낸다.

生放送 중 On Air

9시 뉴스 앵커가 생방송 도중 급한 쪽지를 받았다.
'뉴스 속보'인 줄 알고 쪽지에 적힌 대로 읽어 내려갔다.
"방금 들어온 소식입니다. 당신의 윗니 사이에 시금치가 끼어 있소….'

누가 더 무겁냐고요? Who is heavier

대기업의 사장과 부사장이 서로 몸무게가 적게 나간다고 말씨름을 하고 있었다.

사　장: "우리 나이엔 체중이 적은 편이 좋지."

부사장: "네, 의사도 그렇게 말하더군요."

사　장: "자네랑 나랑 누가 더 무거울까?"

부사장: "사장님께서 더 무거우실 것 같은데요."

사　장: "아냐, 난 75킬로그램밖에 안 나가. 그러니 내가 더 가볍지?"

부사장: "하지만 사장님은 허리둘레가 있지 않습니까?"

사　　장 : "참, 아니래도 이 사람. 자네 키가 있어서 더 무거워."

이때, 옆에서 가만 듣고 있던 여비서가 벌컥 신경질을 부리며 소리쳤다.

"사장님이 더 무겁던 걸요."

면접 Interview

경상도 친구가 서울에 올라와서 입사 시험을 보게 되었다.

면접 보는 자리에서 서울이 고향인 사장이 물었다.

"그래, 자네는 혹 우리 회사에 합격이 되면 서울에 지낼 만한 친척집이라도 있는가?"

경상도 친구가 대답했다.

"쌔빗다 아입니까."

사장이 무슨 뜻인지 몰라 경상도 출신의 전무에게 물었다.

"저 친구 지금 뭐라고 한 거요?"

전무가 대답했다.

"천지뺏깔이라 카네요."

버나드 쇼, 기상천외한 유머 6

Bernard Shaw

영국의 작가.
1856. 7. 26 ~ 1950. 11. 2

버나드 쇼의 이름이 하루 아침에 유명하게 된 것은 런던 신문기자와의 인터뷰 덕분이었다. 인터뷰 내용은 쇼를 매우 혹독하게 공격한 것이었는데, 의외로 많은 독자들에게 그 인터뷰 내용은 기자가 쇼의 아파트로 찾아가 강제로 얻어낸 날조된 기사에 불과하다고 받아들여졌다. 게다가 독자들은 이렇게 수군거렸다.

"아마도 쇼란 사람은 가공의 인물인 것 같다. 그렇지 않고서야 그리 혹독한 인터뷰에 순순히 응할 수 있었겠는가."

이렇게 하여 한때 대영 제국의 온 나라에서는 쇼라는 인물이 화제의 이름으로 떠들썩하였다. 그러나 이것은 버나드 쇼의 기상천외한 유머에서 비롯된 것이었다. 놀랍게도 방문 기자의 신분은 바로 버나드 쇼 자신이었던 것이다.

"당신은 유머 감각이 없군요."

이 말은 영국인들에게는 가장 모욕스러워하는 말로 듣는다. 그것은 곧 "당신은 마음의 여유가 없군요"라는 말과 같기 때문이다.

유머 감각이야말로 인간관계를 부드럽게 해 주고, 다른 사람의 마음을 편안하게 해 주면서도 자신의 목적을 달성할 수 있는 최고의 처세법으로 생각하는 것이다.

한숨 Sigh

한 젊은이가 보석寶石 상점에 들어와 번쩍이는 다이아몬드를 가리키며 물었다.
"이거 얼마예요?"
"천만 원입니다."
그가 한숨을 푹 내쉬며 그 옆에 있는 보석을 가리키며,
"이것은 얼마죠?"
라고 물으니 점원이 말했다.
"이것은 두 한숨입니다."

별 거 아니에요 Forget it

동물원을 구경하던 여자가 관리인에게로 헐떡거리며 달려왔다.
"빨리 원숭이 우리로 가 보세요!"
여자가 소리쳤다.

"글쎄 원숭이 네 마리가 탁자에 앉아 카드놀이를 하고 있어요! 원숭이들이 도박을 한다고요!"

"그게 어떻다는 겁니까?"

관리인이 어깨를 으쓱하며 대꾸했다.

"그래 봤자 겨우 땅콩내기를 하는 것뿐인데."

불청객 An uninvited guest

피곤한 목사가 집에서 쉬고 있다가 창문으로 금자가 자기 집으로 다가오는 것을 보았다. 금자는 대단한 수다쟁이였기에 목사는 그녀를 만나고 싶지 않았다. 목사는 부인에게 이렇게 부탁했다.

"그녀가 돌아갈 때까지 2층에 계속 있겠소."

한 시간이 지나자, 목사는 발꿈치를 살짝 들고 층계의 난간까지 내려와 귀를 기울였다. 아무 소리도 들리지 않자, 목사는 기뻐서 부인에게 큰 소리로 말하며 내려왔다.

"여보! 마침내 그 수다쟁이 암퇘지를 처치했소?"

다음 순간 목사는 금자의 목소리를 들었.

금자 또한 목사가 하는 말을 못 들었을 리가 없었다.

계단을 다 내려온 목사는 아내와 함께 있는 금자의 눈과 마주쳤다.
위기의 순간이었다. 그러나 재치 있는 목사 부인이 대답했다.
"네, 그녀는 1시간 전에 돌아갔어요. 지금은 금자 씨가 와 계세요. 당신
도 반갑죠?"

건망증 Poor memory

건망증이 심한 목사가 결혼식 피로연에서 재미있는 광경을 목격했다.
기분이 좋은 신랑은 일어서서 농담을 했다.
"나는 오늘 모인 여러분들 앞에서 나의 신부에게 고백할 것이 한 가지
 있습니다. 저는 결혼하기 전에 수많은 행복한 시간들을 어떤 여자 품
 에서 보냈는데 그 여자는 바로 저의 어머니입니다."
그곳에 모인 모든 사람들이 그 농담을 즐겼고, 목사도 교회에서 열릴 그
의 금혼식 파티 때 그 이야기를 사용하려고 머릿속에 기억해 두었다.
드디어 목사와 부인의 금혼식이 열리는 날,
축하하러 온 많은 사람들이 파티가 열리는 홀에 모였다.
목사가 일어서서,
"50년간 나와 함께 해 준 여보! 여기 모인 사람들 앞에서 당신에게 고백

할 사실이 한 가지 있소. 난 당신과 결혼하기 전에 많은 행복한 시간을 어떤 여자 품에서 보냈는데…… 아무리 생각해 내려 해도…… 그 여자가 누구였는지 도저히 기억해 낼 수가 없구려!'

이유가 있었다 There is some reason

다섯 살이 되도록 말을 못 하는 아이가 있었다. 부모는 걱정이 되어 별 노력을 다해 보았으나 효과가 없었다. 그러던 어느 날, 가족이 다 모여 저녁밥을 먹고 있는데 말 못 하는 아이가 갑자기 입을 열었다.

"어머니, 국이 싱거운데 소금 좀 주시겠어요? 그리고 아버지, 신문만 보지 마시고 진지 드세요."

벙어리인 줄만 알았던 아이가 너무나 유창하게 말을 하자 부모는 놀란 나머지 멍하니 있다가 물었다.
"얘야, 넌 그토록 말을 잘 하면서 왜 지금까지 벙어리처럼 입을 다물고 있었니?"
아이는 별일 아니라는 듯 말했다.
"지금까지는 두 분이 제게 해 주시는 게 나무랄 데가 없었거든요."

수박 Watermelon

매년 여름에 각 종교 지도자들의 연합 모임이 호텔에서 개최되었다.
그런데 한번은 바로 옆방에서, 그 지역의 양조장 조합 모임이 열리고 있었다. 이 두 그룹 모두 먹음직스럽게 보이는 신선한 수박을 대접받기로 되어 있었는데, 양조장 조합 모임에서는 수박에 술을 적당히 섞어서 달라고 주문했다.
그런데 웨이터의 실수로 알코올이 섞인 수박들이 종교 지도자들의 모임으로 가게 되었다.
웨이터는 뒤늦게 이 사실을 알았지만 달리 방법을 취할 도리가 없었다.
지배인에게 사실대로 이야기하자 상황을 관찰해서 보고하라고 했다.

몇 분 후, 웨이터는 지배인에게 다음과 같이 보고했다.

"지배인 님, 이젠 어쩔 도리가 없습니다. 그들은 이미 수박을 먹었습니다. 가톨릭 신부들은 수박 덩어리를 모아 수건에 싸서 즙을 내어 마시고 있고, 유대교 랍비는 집에 가져가려고 남은 수박을 챙기느라 정신이 없으며, 성공회 목사들은 수박 껍질까지 갉아먹고 있고, 감리교 목사들은 수박을 자꾸만 더 요구하고, 침례교 목사들은 이 접시에서 저 접시로 옮겨 다니며 씨를 모으느라 정신이 없습니다."

청구서 Bill

"선생님, 선생님은 왜 매번 환자를 진찰하실 때마다 점심에 무엇을 먹었느냐고 물으십

라고 조수가 묻자 의사가 말했다.

"이 사람아, 그게 얼마나 중요한지 모르나? 점심에 먹은 음식 메뉴에 따라 치료비 청구서가 달라지거든……."

동급 Mistake

침례교 집사가 시장에서 젖소를 팔고 있었다.

"이 소는 얼마입니까?"

하고 한 남자가 물었다.

"5백만 원입니다."

"우유를 많이 짤 수 있습니까?"

"그럼요. 하루에 15리터는 나옵니다."

"하루에 15리터가 나온다는 걸 어떻게 믿어요?"

"여보시오, 내가 이리 뵈도 침례교 집사랍니다."

"아, 그래요? 그럼 사죠. 그런데 지금 가지고 있는 돈이 없거든요. 제가 소를 먼저 가져가고 돈은 나중에 부쳐 드리리다. 믿으십시오, 나는 장로교 집사랍니다."

침례교 집사는 집에 들어와 부인에게 물었다.

"여보, 장로가 어떤 거요?"

"우리 침례교로 말하면 집사랑 비슷한 거예요."

라고 부인이 대답했다.

그러자 그 집사가 소리쳤다.

"아이고, 내 소 값 영영 못 받겠다."

누드 모델 Nude model

어느 추운 겨울 날 아침, 모델이 화실에서 누드로 포즈를 취하고 있다가 너무 춥다고 불평했다.

"그렇겠군."

화가도 고개를 끄덕이며 말했다.

"일단 옷을 입고 앉아서 커피나 한잔 마시자."

잠시 후, 문을 두드리는 소리가 나자 화가가 다급한 목소리로 말했다.

"얼른 옷을 벗어요! 우리 집사람이야!"

놀라운 은혜 Amazing grace

네 명의 사원이 앉아 이야기하고 있었다.

사원 A : 여편네 다스리는 것? 그건 나한테 배우라고. 여편네가 집에서 큰소리치거나 바가지를 긁으면 호통을 치고 눈을 똑바로 부릅 뜨면 꼼짝도 못한다네.
사원 B : 그것보다는 월급봉투를 주지 말고 나처럼 본인이 관리하면 돼.
사원 C : 명태와 마누라는 사흘이 멀다 하고 두드려야 맛이 난대.

이렇게 수다를 떨고 있는데 세 명의 부인이 들어오다 그 말들을 들었다. 부인들의 사나운 눈초리가 남편들에게 모아지자, 첫 번째 사원은 도망가고, 두 번째 사원은 화장실로 숨어 버리고, 세 번째 사원은 나자빠져 버렸다. 이때 아무 말도 하지 않던 사원 D의 부인이 웃으며 들어왔다.

사원 D의 부인 : 여보, 경리과에서 월급 탔어요. 딸아이 옷을 하나 사 줘야겠는데 어떤 것이 좋을까요?
사원 D : 그거야 당신이 더 잘 알지. 당신이 알아서 사구려. 그리고 나온 김에 아들놈 옷이랑 당신 옷도 하나 사고.
사원 D의 부인 : 제 것은 됐어요. 아들 옷도 안 사도 되지만 간단한 것 하나 살게요. 십일조 먼저 떼어 놓고 저축하고 한 번 계산

해 볼게요.

사원 D : 적은 돈 가지고 그렇게 알뜰하게 살림을 꾸려 나가다니 대단해.

사원 D의 부인 : 월급이 적긴 뭐가 적어요. 지난달도 풍족하게 쓰고 70만 원이나 남아서 예금했는걸요.

사원 D : 아, 이 엄처시하嚴妻侍下의 은혜여!

다이어트 Diet

시집 간 누나에게 매형이,
"당신, 그 엉덩이가 자꾸 펑퍼짐하게 커지고 있구먼."
했다. 누나는 즉시 다이어트를 시작했고, 몇 주일이 지나자 엉덩이의 살이 눈에 띄게 빠졌다.
그러니까 남편이 이번에는,
"당신 체중을 그만 줄여야겠소. 얼굴이 쭈글쭈글해져요."
했다.
그러자 누나가 버럭 화를 내며,
"빨리 결정하세요. 내 어느 부분을 더 좋아하는지. 얼굴 쪽이에요, 아니면 엉덩이 쪽이에요?"

우수한 보험판매원 Insurance salesman

한 생명보험 회사에서 안어벙이 일하고 있었다. 안어벙은 아주 우수한 사원이었으므로, 중역들은 그를 승진시킬 것을 회의에서 결정했다.

그러나 문제가 하나 있었다. 그것은 이 회사의 중역은 모두 가톨릭 신자였기 때문이었다.

회의석상에서 사장은 이렇게 말했다.

"흐음, 여러분. 안어벙이 확실히 우리 회사의 중역이 될 수 있는 자격이 있다는 것은 모두가 인정하는 바입니다. 그러나 안어벙은 무신론자이므로 가톨릭의 오랜 전통을 자랑하는 우리 회사의 중역으로 승진시키는 것은 역시 부당하다고 봅니다."

그러자 상무가 일어서서 말했다.

"제가 아주 현명하고 위대한 신부님을 알고 있습니다. 옆 마을에 살고 있는 페트로 신부님입니다. 페트로 신부님이라면 안어벙을 곧 가톨릭 신자로 만들 수가 있을 겁니다."

중역들은 고개를 끄덕였다.

이윽고 신부가 초청되어 왔다. 신부는 안어벙을 중역 응접실로 불러들여 3시간이나 긴 이야기를 나누었다. 3시간 후에 신부가 나왔다. 중역重役들은 신부가 회의실로 오자 제각기 인사를 했다.

"고맙습니다."

그러나 신부는 당황하는 얼굴이었다.

사장은 걱정이 되어 물었다.

"신부님, 물론 성공하셨겠죠?"

"아니야. 앞으로 1시간은 더 필요해. 게다가 방금 1억 원짜리 보험 계약을 체결했거든."

가련한 벌레 Silk dress

대학에 다니는 딸이 연휴를 맞아 집에 돌아왔다. 온 가족은 딸을 위해 파티를 열었다. 예쁜 딸에게 비단 옷을 입히자 마치 천사처럼 아름다웠다.

딸은 그 옷을 입고 입가에 웃음을 가득 머금고 많은 사람들 앞에서,
"이 얼마나 아름답습니까? 정말 황홀해요. 생각해 보세요. 그런 보잘것 없는 가련한 벌레에게서 이토록 아름다운 것이 나오다니…"
그의 아버지가 이 말을 듣고 무엇인가를 한참 생각하더니 돌아서서 말했다.
"그래, 난 보잘것없고 가련한 벌레다!"

무덤에서 A funeral column

D신문은 좀처럼 자신들의 실수를 인정하지 않는 신문으로 알려져 있다. 어느 날 화가 잔뜩 난 독자로부터 전화가 걸려 왔다.
"D신문사요?"
"네, 그렇습니다."
"난 당신들 신문 부고란에 실린 사람인데요."
"어머나, 그럼 무덤에서 전화하는 건가요?"

나더러 어쩌라고? What can I do

옛날에 학문에만 빠져 지내는 선비가 있었다.
그 날도 책을 읽고 있는데, 머슴이 호들갑스럽게 달려왔다.
"큰일났습니다. 안채에 불이 났습니다."
이 말을 들은 선비는 귀찮다는 듯 얼굴을 찌푸리며 말했다.
"나더러 어쩌란 말이냐! 마님한테 말씀을 올려야지!"

원하는 게 대체 뭐죠? What do you want

부부가 고아원에 가서 양녀를 삼기 위해 한 어린 여자아이를 데려왔다. 우선 성격적으로 맞는지, 잘 키울 수 있는지를 알아보려고 하나하나 살펴보았다.
먼저 방을 정해 주고 깨끗한 옷을 가지런히 넣은 서랍장을 보여 준 다음, 욕실에 데리고 가서 깨끗이 몸을 씻게 했다. 여자아이는 새 부모가 될 어른들이 시키는 대로 고분고분 목욕을 하고 나왔는데, 하루에 아침 저녁으로 두 번씩 목욕을 하라고 한다.

어느 날 저녁에는 머리를 탕 속에 담그게 하고 귀 밑까지 깨끗이 닦아 주었다. 여자아이는 새엄마를 향해 말했다.

"저기요, 딸을 원하시는 게 아니라 물오리를 원하시는 거죠?"

변명 Excuse

9시까지 사무실에 도착했어야 할 직원이 10시에 도착하여 붕대를 감은 팔을 사장에게 보이며,

"사장님, 2층에서 미끄러져 늦었습니다."

"아니, 이 사람아. 2층이 얼마나 높기에 떨어지는 데 한 시간이나 걸렸다는 거야?"

생명보험 Life insurance

"여보, 잘 들어요."
남편이 말했다.
"만약 무슨 일이 생기더라도 당신이 안심하고 살아갈 수 있도록 나는 2억 원의 생명 보험에 들기로 했소."
"어머, 그거 참 좋은 일을 하셨군요."
아내는 기뻐하며 말했다.
"이젠 당신이 아파도 의사를 부르지 않아도 되겠네요!"

신입사원 New employee

신입사원을 뽑는 어느 회사에서 최종적으로 남자 3명과 여자 1명의 지원자만 남게 되었다. 최종 면접은 중국집.
사장은 달랑 한 그릇의 자장면을 시켜 놓고 지원자들에게 물었다.
"자, 여기 자장면 한 그릇이 있소. 여러분들이 돈을 내지 않고 나와 함께

이 자장면을 먹을 수 있는 방법을 말해 보게."
첫 번째 남자 지원자,
"빈 그릇을 하나 더 달라고 해서 나누어 먹겠습니다."
두 번째 남자 지원자,
"똑같이 젓가락을 들고 뺏어 먹겠습니다."
세 번째 남자 지원자,
"전 사장님이 남긴 것을 먹겠습니다."
마지막 여자 지원자.
"사장님 다 드시고 입 닦지 마세요."

종로 김두한 Kim Du Han

충청도에 사는 할아버지와 할머니가 서울에 올라와서 처음 지하철을 탔다.
"이번 역은 종로 2가, 내리실 문은 왼쪽입니다."
그러자 할머니가 물었다.
"영감! 종로 김가는 없슈?"
"왜 없어, 종로에는 김두한이가 있잖여."

최신 전화 Brand-new telephone

S대학에서는 최근 새로운 전화시설을 갖추었는데, 학생들은 그 시설이 여러 모로 유용하다는 것을 알게 되었다.

그 중 하나가 전화를 이용해 회의를 하는 장치였는데, 이 장치를 이용하면 적어도 8명까지는 동시 통화가 가능했다.

나는 7명의 학생들과 회의를 하려고 전화 연결을 해놓았다.

그런데 학생들이 모두 떠들고 있었다.

나는 모두들 조용히 하라고 소리친 다음,

"좋아. 우리 8명이 모두 수화기를 들고 있는지 확인해야 되니까 차례대로 번호를 붙여 봐."

하고 지시했다.

그 말이 떨어지기가 무섭게 7명이 일제히 소리를 질렀다.

"하나!"

강원도 버전 십만양병설 Saturi Version

"전하! 자들이 움메나얼마나 빡신지역센지 영깽이여우 같애 가지고 하마 서구 문물을 받아들여 가지고요. 쇠꿈 덩거리쇠덩어리를 막 자들고 발 쿠고두드리고 펴고 이래 가지고 먼 조총이란 걸 맹글었는데, 한쪽 구녕 큰 데다가는 화약 덩거리하고 째재한 쇠꿈 덩거리를 우겨넣고는 이쪽 반대편에는 쪼그만한 구녕을 뚫버서 거기다 눈까리를 들이대고, 저 앞에 있는 사람을 존주어서겨누어서 들이쏘며는, 거기에 한번 걷어들리면걸리면 대뜨번에대번에 쎄싸리가 빠지잖소죽지 않소. 그 총알이 대가빠리에 맞으면… 마이 아파."

지하철 역 이름 Name of subway stations

- 영화인이 좋아하는 역 - 개봉역(1호선)
- 학생들이 좋아하는 역 - 방학역(1호선)
- 마라톤 선수가 좋아하는 역 - 월계역(1호선)

- 제비족이 좋아하는 역 - 강남역(2호선)
- 낚시꾼이 좋아하는 역 - 강변역(2호선)
- 무녀들이 좋아하는 역 - 신당역(2호선)
- 등산객이 좋아하는 역 - 약수역(3호선)
- 협상파가 좋아하는 역 - 대화역(3호선)
- 숙녀들이 좋아하는 역 - 신사역(3호선)
- 유아들이 좋아하는 역 - 수유역(4호선)
- 중국인이 좋아하는 역 - 중화역(7호선)
- 여성들이 좋아하는 역 - 남성역(7호선)
- 이산가족이 좋아하는 역 - 상봉역(7호선)
- 방송인이 좋아하는 역 - 중계역(7호선)
- 데모대가 싫어하는 역 - 대치역(3호선)
- 어린이가 싫어하는 역 - 미아역(4호선)
- 소방관이 싫어하는 역 - 방화역(5호선)
- 범인들이 싫어하는 역 - 수색역(6호선)

링컨, 지도자의 유머 7

Abraham Lincoln

미국 제16대 대통령.
1809. 2. 12 ~ 1865. 4. 15

링컨과 가까운 친구가 어느 날 링컨의 비서를 추천했다.
그는 유능하다는 평이 자자한 사나이였다. 하지만 링컨은 그 사나이를 단번에 거절했다.
"왜 싫어하는가?"
그 이유를 묻자, 링컨이 대답했다.
"얼굴이 싫어."
친구는 의아스럽다는 듯이 물었다.
"그러나 그것은 그 사람 본인의 잘못이 아니지 않는가?"
그러자 링컨은 부드러운 미소를 띠며 대답했다.
"아니야, 나이 사십이 넘은 사람이라면 자신의 얼굴에 스스로 책임을 져야 해."
이 말은 너무나도 유명해서 오늘날까지 많은 사람들이 자신의 얼굴을 유심히 들여다보게 하는 계기가 되었다. 아름다운 얼굴, 추한 얼굴, 정이 가는 얼굴, 정이 떨어지는 얼굴, 진실해 보이는 얼굴, 간사해 보이는 얼굴, 곱상한 얼굴, 험상궂은 얼굴…….
사람의 천차만별한 얼굴 가운데 항상 미소가 어려 있는 밝고 명랑한 얼굴이야말로 누구에게나 호감을 줄 수 있는 얼굴이라는 것을 링컨은 일찌감치 깨달았던 것이다.
그리고 이러한 얼굴은 자신의 덕과 부드러운 사고思考, 유머에서 나온다는 것을 몸소 실천했던 위인이었다.
가난한 농민의 아들로 태어나 어려서부터 노동을 하고, 학교 교육은 거의 받아 보지 못한 채 독학으로 변호사가 되었던 링컨. 그가 대통령에까지 이르게 된 비결은 무엇이었을까?
링컨은 언제나 긍정적인 사람이었다. 어떤 어려움에 닥쳐도 항상 유머와 재치있는 입담으로 주변 사람들을 웃기게 했으며, 그로 인해 저절로 문제가 해결되는 때가 많았다.
링컨은 언제나 손수 구두를 닦았는데, 이를 보고 사람들이 물었다.
"아니, 각하께선 각하의 구두를 손수 닦으십니까?"
그러자 링컨이 구두를 닦다 말고 대꾸했다.
"아니, 그럼 내가 명색이 미국 대통령인데 다른 사람 구두를 닦아 주란 말이오."

머릿속이 텅 비어 Headache

여섯 살 난 어린 딸이 엄마에게,
"엄마, 배가 아파요."
라고 말했다.
"그건 속이 비어 있기 때문이란다. 뭔가를 속에 집어넣으면 한결 괜찮을 거야."
라고 엄마가 대답했다.
그 날 오후 목사가 그 집을 방문했을 때, 대화 도중 심한 두통으로 하루 종일 고생했다는 얘기를 했다. 이때 딸아이가 끼어들었다.
"그건 머릿속이 텅 비어 있기 때문이에요. 그 속에 뭔가를 집어넣으면 훨씬 괜찮아질 거예요."

악마의 추종자 Devil's follower

시부모를 모시고 남편과 함께 시내 거리를 걸어가고 있었다. 나와 시어머니가 앞서 가고 있는데 광고판을 든 남자 하나가 우리 앞으로 다가왔. 그 광고판에는 '당신은 예수의 추종자인가 아니면 악마의 추종자인가?' 라고 씌어 있었다. 시어머니는 뒤를 돌아보면서 장난기 어린 말투로 시아버지를 보고 말했다.
"아마 악마의 추종자는 당신을 말하는 모양이네요."
시아버지는 표정 하나 바꾸지 않고, 응수했다.
"암, 그렇고말고. 내가 바로 당신 뒤를 따라가고 있지 않소."

대머리 노처녀 Old maid

한 노처녀가 선을 볼 때마다 대머리라고 퇴짜를 맞았다.
그런데 신기한 대머리 약이 나왔는데, 5시간 동안만 털이 나왔다가 없어지는 약이었다.

그 약을 바르고 선을 본 결과, 합격이었다.

둘이 한강변을 걸으며 데이트를 즐기던 중, 약효가 약속된 5시간에 이르렀다. 여자는 고백해야겠다고 입을 열었다.

처녀 : 사실은 제겐 과거가 있어요.

남자 : 여자가 과거가 있으면 왜 뭐 어떻습니까. 대머리만 아니면 되죠.

숫처녀 Virgin

결혼식 피로연披露宴이 한창 벌어지고 있을 때 친구들과 어울리고 있던 신부는 신랑이 그의 친구들과 내기하는 소리를 들었다.

"그녀는 반드시 숫처녀야. 5대1로 내기를 하자고!"

그 소리를 들은 신부는 점잖게 웃었다.

그러나 잠시 후 신혼여행 길에 둘이 있게 되자, 그녀는 무섭게 소리쳤다.

"당신, 무슨 짓이에요! 결혼한 지 한 시간밖에 안 되었는데 그렇게 돈을 마구 잃어버리다니!"

가발이 눈을 가려 Bald head

어떤 대머리 남자가 있었다. 그는 어느 날 장모를 마중하러 나갔는데 공교롭게도 소낙비가 쏟아졌다.

이 소낙비는 홍수를 이루어 갑자기 골짜기에 깊이 물이 고이고 말았다.

장모가 당황한 목소리로 외쳤다.

"내 허리까지 물이 차올랐네!"

사위는 장모를 업었다.

그러나 물은 점점 불어나서 사위의 배꼽 위까지 닿았다. 사위는 다시 장모를 어깨 위로 올렸다. 이윽고 물은 다시 사위의 어깨에 닿았다.

장모는 다시 비명을 질렀다.

"내 속옷이 젖는군. 이를 어쩌지?"

사위는 장모를 자기 머리 위에 올려놓았다.

이때 기상천외한 일이 벌어졌다.

장모의 낡은 속옷이 찢어져서 장모의 '그곳'에 사위의 벗겨진 대머리가 들어갔다.

순간 장모는 희색이 만면했다.

"이 사람아, 나는 갑자기 기분이 좋아졌어."

"장모님은 기분이 좋으실지 모르지만 저는 가발이 눈까지 가리는 바람에 도무지 앞을 볼 수가 없군요."

순진한 신랑 Naive bridegroom

농부의 아들이 도시에서 신부를 맞아들였는데, 그녀는 굉장한 미인이었으며 매사에 신랑보다 월등히 현명했다.

그들은 신혼여행을 마치고 집으로 돌아왔다.

처음부터 며느리를 탐탁지 않게 여기고 있던 시어머니가 아들을 불러 슬그머니 주의를 주었다.

"새아기는 상당히 똑똑한 것 같더라. 그러니 너도 우습게 보이지 않도록 처음부터 길을 잘 들여라."

어머니의 간곡한 충고를 들은 아들은 싱긋 웃었다.

"어머니, 걱정 마세요. 겉으론 몹시 똑똑해 보여도 아직 아무것도 모르던데요."

하며 이렇게 덧붙였다.

"글쎄, 첫날밤에 침대에서 베개를 허리 밑에 깔고 있지 뭡니까? 그래서 그것은 머리에 베는 것이라고 제가 가르쳐 주었을 정도라니까요."

최대의 고행 Can't not endure

천국의 수문장 성 베드로가 지옥을 찾아갔는데 지옥의 여러 곳을 악마로부터 안내받았다.

한 사내가 한 손에는 포도주병을 들고, 또 다른 한 손에는 아름다운 처녀를 끼고 지나가는 것이었다. 성 베드로는 놀라서,

"저게 당신들의 고행이란 말이오?"

악마가 웃음을 터뜨리더니,

"그건 최대의 고행입니다. 그 병의 바닥에는 구멍이 뚫려 있고, 처녀에게는 구멍이 없으니까요."

낮과 밤 Day & night

주부 A : 섹스는 낮과 밤 중 어느 쪽을 좋아하시나요?

주부 B : 그야 당연히 낮이 좋죠.

주부 A : 어머나! 어째서요?

주부 B : 밤에는 언제나 남편이니까요.

진찰비 Doctor's fees

동네에 하나밖에 없는 구두 수선점에, 의사가 구두를 고치러 갔다. 구둣방 주인은 도저히 고칠 도리가 없다면서 1만 원을 내라고 했다.

"뭐 때문에 돈을 받는 거요?"

의사가 항의하자 구둣방 주인이 대꾸했다.

"당신한테 배운 거요. 내가 병원에 가니까 내 병은 도저히 고칠 수가 없다면서도 진찰비를 받지 않았소?"

정직한 선생님 Honesty

공부하는 도중에 교실 안이 시끄러워지자, 반장이 일어나 한마디 했다.
"공부하기 싫은 사람은 떠들지 말고 아예 밖으로 나가!"
그러자 선생님이 제일 먼저, 조용히 밖으로 나갔다.

궁금증 Curiosity

두 명의 미국인이 전우의 묘 앞에 꽃다발을 놓고 나오다가 건너편에 음식을 차려 놓고 제사를 지내는 한국인을 보게 되었다.

한 미국인이 물었다.

"당신의 친구는 언제 이 밥을 먹으러 옵니까?"

"당신네 친구가 그 꽃 냄새를 맡으러 올 때쯤이면 오겠죠."

택시 운전사 Taxi driver

한 어머니가 수녀원에서 자란 딸과 함께 택시를 타고 가던 중, 초저녁부터 노상에서 호객 행위로 악명 높은 거리를 지나게 되었다.

"어머니, 저 여자들은 뭘 기다리고 있는 거예요?"

딸이 묻자 어머니는 얼버무려 대답했다.

"아마 일을 마치고 돌아오는 남편을 기다리는가 보다."

그러자 운전사가 중얼거렸다.

"그러지 말고 알려 주세요. 왜 사실대로 말씀 안 하세요? 따님도 알 만한 나이가 된 것 같은데."

"그래요. 엄마."

딸이 졸랐다.

어머니는 운전사의 뒤통수를 노려보며 조심스럽게 그 정황을 설명해 주었다.

이야기가 끝나자 딸이 물었다.

"그러면 그 여자들이 갖게 되는 아기는 어떻게 돼요?"

그러자 어머니가 큰 소리로 말했다.

"자라서 택시 운전사가 된단다."

정확한 대답 Right answer

멍청한 친구가 결혼을 했다.

친척 어른이 와서 축하를 했다.

"진심으로 축하하네. 그런데 누구하고 결혼했나?"

"예, 여자하고 결혼했습니다."

친척 어른은 눈살을 찌푸렸다.

"예끼 이 사람아, 남자하고 결혼하는 사람도 있나? 말 같은 말을 해야지."

멍청이 신랑은 눈을 흘기며 대답했다.

"모르시는 말씀 마세요. 우리 누나는 남자하고 결혼했는데요."

금자 씨의 방귀 a fart of Ms. Gumja

다정스런 연인이 어깨를 맞대고 TV를 보고 있었다.

한참 재미나게 보고 있는데, 금자가 방귀가 마려운 거였다.

금자는 남친에게 물을 갖고 오라고 시킨 후, 그 사이에 방귀를 처리했다.

그런데 또 방귀가 마려웠다.

이번엔 주스를 가져오라고 시킨 후 2차 방귀를 해결했다.

그런데 남친이 오면서 하는 말,

"아예 똥을 싸라, 똥을 싸."

바보 Stupid

옛날에 바보 아들과 엄마가 살고 있었다. 엄마는 자신이 늙어 가는데 자식 혼자 남을 것을 걱정하여 자식을 공부시키기로 마음먹었다.

어느 날, 아들을 불러놓고,

"이 녀석아, 밖에 나가서 사람들이 하는 말이나 좀 외워 오렴."

바보 아들이 밖에 나가서 헤매다가 공사장의 인부가 급한 말투로,

"전봇대 무너진다."

하자 그 말을 듣고 또박또박 외웠다.

"전봇대 무너진다."

그리고 한참 동안 걷고 있는데, 경찰이 여자도둑을 보고 외쳤다.

"저 가시나 도망간다."

바보는 그 말도 외웠다.

그리고는 힘이 들어 쉬기로 하고, 어른들이 들어가는 카페에 들어갔다.

그런데 멀찌감치 서서 마담 아줌마를 보며 한 남자가 이런 말을 했다.

"미스 김, 내일 또 올게."

바보는 '미스 김 내일 또 올게'도 외웠다.

집으로 돌아온 바보. 외운 걸 말하기 시작했다.

"전봇대 무너진다."

마침 집 옆에 큰 전봇대가 생각난 엄마는 죽어라 집 밖으로 도망쳤다.

"저 가시나 도망간다."

아들의 말에 속은 걸 안 엄마는,

"너 당장 집에서 나가."

하지만 바보의 마지막 말.

"미스 김, 내일 또 올게."

결혼 축전 Congratulatory telegram

신부의 친한 친구가 결혼 청첩장을 받았으나 갈 수가 없어서 축전을 보내기로 했다. 돈을 절약하기 위해 성경 구절만 적어서 전보를 보냈다. 그것은 '요한 1서 4장 18절'의 구절로, 말씀은 '사랑에는 두려움이 없

습니다. 완전한 사랑은 두려움을 몰아냅니다' 라는 내용이었다.
그런데 전보 타자수가 실수하여 '1서' 자를 빠뜨리고 말았다.
주례가 '요한복음 4장 18절'의 말씀이 축전으로 왔다고 하자, 모두 아연실색했다. 그 말씀은 이러했다.

'너에게는 남편이 다섯이나 있었고, 지금 함께 살고 있는 자는 네 남편이 아니니…'

낙원의 정의 Paradise

신약성경에는 지상의 낙원이 있어 모든 동물이 행복하고 평화롭게 사는 광경이 묘사되어 있다. 그러나 유대인은 그리스도를 인정치 않으므로 신약성경은 가짜라고 생각하고 있다.
어느 날 기독교를 믿는 부부가 동물원에 왔다.
우리를 들여다보니 사자와 양이 같이 누워서 평화롭게 잠자고 있었다.
"멋진 광경인데요."
"이거야말로 하늘나라에서만 볼 수 있는 광경이야."
하고 부부는 흥분해서 떠들어 댔다.
그때 유대인 사육사가 지나가자, 부부가 물었다.

"이 광경은 신약성경에 나오는 것과 같은데, 이 동물원에서는 어떻게 이와 같은 일이 가능합니까?"
나이 많은 사육사가 대답했다.
"그건 간단합니다. 매일 아침 양 한 마리씩을 사자우리에 넣지요."

엘리베이터 안에서 Elevator

이 집 저 집 여기저기 다니며 보험상품을 세일즈하는 보험설계사 금자 씨. 그런데 하도 커피를 많이 얻어 마셔서 속이 좋지 않았다.
금자 씨는 엘리베이터를 탔는데, 갑자기 방귀가 뀌고 싶어졌다.
마침 엘리베이터 안에는 아무도 없었으므로, 마음놓고 일을 치렀다.
그러나 냄새가 너무도 고약해서 자기도 못 견딜 지경이었다.
다행히 금자 씨에게 솔잎 냄새가 나는 스프레이가 있어서 그걸 듬뿍 뿌렸다.
다음 층에서 술 취한 신사가 한 명 탔다.
남자는 코를 킁킁대면서 머리를 갸우뚱거리더니 말했다.
"참, 이상하네. 누가 크리스마스 트리에다 똥을 싼 것 같아."

반가워 I'm lucky man

친구 한 사람이 자기가 고등학교 동창회同窓會에 가서 겪은 얘기를 들려주었다.

"내가 아내하고 같이 안으로 들어갔더니 낯선 사람이 달려와 나를 껴안으며 만나서 무척 반갑다고 하지 않겠나? 그래서 나는 자네가 누군지 모른다고 했더니 그 친구가 '나도 자네를 모르지만, 자네가 오기 전까지는 내가 머리가 가장 많이 벗겨진 사람이었거든' 이라고 말하더군."

메뉴에 있는 것만 within MENU only

고급 레스토랑에 외과 의사가 식사를 하러 왔다.
자리에 앉자 웨이터가 메뉴판을 건네며,
"손님, 주문하시겠습니까?"
라고 하면서 계속 자기의 엉덩이를 만지고 있었다.
직업이 직업인지라 의사가 궁금하여 물었다.
"저, 혹시 치질 있습니까?"
그러자 웨이터가 퉁명스럽게 대답하기를,
"손님, 메뉴판에 있는 거만 주문해 주십시오."

혼동 Confusion

젊은 목사님이 부임 설교를 할 때의 일이다.
목사님은 첫인상을 좋게 하려고 너무 긴장한 나머지 성경 이야기를 잘 못 말씀하셨다.

"여러분! 예수님께서는 보리떡 5천 개와 물고기 천 마리로 많은 군중을 먹이셨습니다."

다음 주일날 목사님은 지난주에 하셨던 말씀의 대목을 되풀이하셨다.

"여러분! 예수님께서는 보리떡 5개와 물고기 두 마리로 5백 명의 군중을 먹이셨습니다. 여러분 중 어느 누가 그 많은 군중을 먹일 수 있겠습니까?"

그러자 듣고 있던 한 교인이 말했다.

"지난 주일날 쓰고 남은 떡과 고기로 먹이면 되죠."

오프라 윈프리, 희극 유머 **8**

Oparah Winfrey

〈오프라 윈프리 쇼〉 진행자.
1954. 1. 29~

미국 연예인 가운데 최고의 재산을 가진 억만장자이며, 연봉 1,500억 이상의 수입을 올리고 있는 미국 '토크 쇼의 여왕' 오프라 윈프리.

"아마 제게 유머가 없었더라면 오늘의 저는 없을 겁니다. 기억하세요. 한 번 웃을 때마다 성공 확률이 조금씩 높아진다는 것을."

그녀는 몸무게가 자그마치 100킬로그램이 넘는 체중 때문에 엄청난 스트레스를 받았던 적이 있었다.

오프라는 대중의 관심을 끄는 것을 좋아하지만, 자신의 체중에 이목이 집중되는 것을 끔찍이도 싫어했다.

"저는 모든 여성의 삶을 겪어 보지는 못했지만, 모든 사이즈는 경험해 보았습니다."

이 유머는 모든 살찐 여성들의 웃음을 자아냈다.

사생아로 태어나 9살 때 사촌오빠에게 강간을 당했고, 14살 때 미숙아를 사산했으며, 20대 초반에는 남자 때문에 마약을 상용했었다.

오프라는 스터드먼 그래햄을 만나기 전, 자신의 이상형을 묻는 질문에,

"제 이상형의 남자가 나타날 거예요. 하지만 그는 지금 아프리카에 있어요. 거기서부터 걸어 오고 있는 중이에요."

라고 말해서 화제가 되었었다.

볼티모어 시절에 한 유부남과 4년간 교제했던 그녀는 누구보다 사랑의 아픔을 뼈저리게 체험한 여자였다.

혼자가 된 후 그녀는 호탕하게 웃으며 말했다.

"남자가 없으면 스파게티가 있어야죠."

어느 날, 한 기자가 그녀의 사업 수완에 대해 묻자,

"저는 느낌이 오지 않으면 어떤 일도 하지 않습니다. 저는 논리에 따라 움직이지 않아요. 육감을 따르죠. 그런데 전 꽤 좋은 육감을 가지고 있거든요."

이런 유머 감각이야말로 과거의 불행을 딛고 성공한 사람들에게서 공통적으로 발견할 수 있는 특유의 자질이라고 할 수 있다.

드라마에 이런 장면 꼭 있다
Seen on TV drama

1. **남자** : 이러지 마. 너답지 않게 왜 그래?
   여자 : 나다운 게 어떤 건데?

2. 자신을 배신한 남자의 아이를 낳아 키운다. 임신한 사실은 꼭 입덧으로 알고, 입덧을 할 때도 너무 과장된 입덧을 한다.

3. 택시 잡기가 하늘에 별 따기인 밤에 주인공들이 손만 흔들면 택시가 턱하니 멈춘다. 그리고 내릴 때는 돈을 안 낸다.

4. 잠잘 때도 화장을 하나도 지우지 않는다. 심지어 색조화장 위에 스킨을 바른다.

5. 남자와 여자가 서로를 찾아 헤맬 때는 같은 공간에 있으면서도 반대편을 향해 뛰어간다.

6. 차를 운전하고 가던 중 전화를 받으면 꼭 그 자리에서 차를 거꾸로 돌린다. "끼이익" 하고 소리가 나며, 차는 한 대도 없다.

7. 가난한 여주인공들의 옷은 매번 비싼 옷으로 바뀐다.

8. 근육이 멋진 남자 주인공은 샤워 장면이 꼭 나온다.

피장파장 No difference

어떤 부인이 담배를 피워 물고 있는 젊은이에게 다가와서 얼굴을 찡그리며 꾸짖었다.
"젊은이가 담배 피우는 것을 어머니가 알고 계신가?"
젊은이가 대꾸했다.
"부인, 부인께서 거리에서 낯선 남자와 얘기하고 있는 걸 남편께서도 알고 계신지요?"

기를 수가 없어서 It's hard to have

채권자가 채무자의 집에 돈을 받으러 갔더니 그 남자는 식사 중이었다. 그런데 식탁을 보니 먹음직스러운 닭고기가 올라 있었다.
채권자는 기세등등하게 말했다.
"이만큼 살게 되었으면 돈을 갚을 때가 된 것 같습니다. 또 무슨 변명을 하시렵니까?"

"나도 늘 빚 갚는 일만 생각합니다만, 원체 쪼들려서 죽을 지경입니다."
채권자는 눈을 내리깔며 입을 삐죽거렸다.
"여보쇼, 상에 닭고기가 오를 정도로 살면서 남의 돈은 모르겠단 말이오? 이거 순전히 도둑놈 심보잖소."
"무슨 말씀입니까. 난 이제 닭을 기를 힘조차 없어졌다고요. 그래서 먹어치우는 중이란 말이오."

서명 Signature

주일 아침 예배 바로 전에 미국의 저명한 설교가 헨리워드 비쳐 목사에게 한 장의 쪽지가 건네졌다.
그 쪽지를 펼쳐 보니 '바보' 라고 쓰여 있었다.

비쳐 목사는 일어나 회중들을 향하여 말했다.

"나는 많은 경우에 편지를 쓰고 자기의 이름을 서명하는 것을 잊어버리는 사람은 허다하게 보았지만, 자기의 이름을 서명하고 편지 내용을 쓰지 않은 사람의 경우는 처음 보았습니다."

무한대 Infinity

버스 안에 아빠와 딸이 나란히 앉아 있었다.
딸이 신이 나서 소리를 크게 내며 숫자를 세고 있었다.
단조로운 목소리로 쉬지 않고 계속했다.
"스물여덟, 스물아홉…. 아빠 스물아홉 다음은 뭐지?"
하며 꼬마가 아흔을 넘게 세자, 버스 안에서 그 단조로운 소리를 들으며 짜증을 내고 있던 사람들은 꼬마가 100까지 세면 그만 하려니 생각했다.
그러나 꼬마는 100까지 세더니 잠시 쉬고 나서,
"아빠, 세상에서 제일 큰 숫자는 뭐야?"
하고 물었다.

"무한대라는 거야."

그러자 꼬마는 다시 숫자를 세기 시작했다.

"무한대 하나, 무한대 둘, 무한대 셋…"

장난 I'm pregnant

네 명의 간호사가 새로 들어온 한 인턴의 유머 감각을 시험하기 위해 장난을 치기로 작정했다.

이윽고 그녀들은 한자리에 모여 각기 한 일에 대해 보고하고 있었다.

첫 번째 간호사가 말했다.

"난 그의 청진기에다 솜을 틀어넣었지."

두 번째 간호사가 말했다.

"난 그의 차트 환자 이름을 더러 바꾸어 놓았어."

그러자 세 번째 간호사가 킬킬거리며 말했다.

"난 좀 재미있는 장난을 쳤어. 그 사람 책상 서랍을 열어 보니까 콘돔 한 갑이 들어 있잖아. 그래서 하나하나 모두 구멍을 뚫어 놓았지."

이 말을 들은, 네 번째 간호사가 까무러치고 말았다.

왜 그랬을까?

신문 Newspaper

"술을 계속해서 먹으면 간이 나빠진다며?"
"그걸 말이라고 하나, 이 사람아. 새삼스럽지도 않은 일을 가지고."
"신문지상에서 하도 떠들어서 나도 그만 끊어 버렸네."
"아니, 자네가 술을 끊었단 말인가?"
"아니 신문을 끊었다고."

게으른 목동 Lazy shepherd

한 목동이 양들을 풀밭에 방치한 채 풀 위에 벌렁 누워 빈둥대고 있었다.
길 가던 나그네가 길을 묻자 고개 하나 까딱하지 않고,
"저리로 가쇼."
라고 하는 것이었다.
하도 괘씸한 생각이 들어 나그네는,
"애야, 지금 한 것보다 더 게으른 솜씨를 내게 보여 주면 돈을 주지."

라고 했다.

그러자 목동은 거들떠보지도 않고 말했다.

"그 돈을 내 호주머니에 좀 넣어 주쇼."

얼굴색 Face color

여선생님이 국어 시간에 '희다'와 '검다'라는 단어를 설명하고 나서 학생들에게 물었다.

"여러분, 선생님의 머리카락 색깔은 어떻죠?"

"검습니다."

"그럼 선생님의 얼굴 색깔은?"

"검습니다."

여선생님은 무안하여 얼굴을 붉혔다.

그러자 학생들은 일제히 다시 외쳤다.

"아닙니다. 붉습니다."

울긴! Don't cry for me, daddy

아들의 못된 짓거리에 골치를 앓던 아버지가 때려도 보고 달래도 보았으나 아들의 나쁜 버릇은 고쳐지지 않았다.
하다하다 못해 하루는 아들을 붙들고,
"애야, 어쩌자고 그렇게 나쁜 짓만 하느냐?"
하고 울음을 터뜨리자, 아들이 아버지의 머리를 쓰다듬으면서 말했다.
"울긴……."

공주병 Own paranoia

젊은 여자가 차를 운전하던 중, 휘발유가 떨어져 꼼짝도 못하고 앉아서 누군가 와서 도와주기를 기다리고 있었다.
마침내 두 남자가 그 여자에게 다가왔다.
"휘발유가 떨어졌어요. 주유소까지 좀 밀어 주시겠어요?"
여자가 애교를 떨며 말했다.

두 남자는 선뜻 소매를 걷어붙이고 차를 밀어 얼마를 갔다.
그 중 한 사람이 기진맥진해서 고개를 들고 둘러보니, 그들이 방금 지나친 곳에 주유소가 있는 것이 보였다.
화가 난 그가 소리를 질렀다.
"왜 저 주유소로 들어가지 않았어요?"
여자가 되받아 소리쳤다.
"난 그 주유소에는 절대로 안 가요. 거긴 손님이 직접 기름을 넣는 셀프 서비스라고요!"

문이나 좀 닫고 가쇼 Close the door

도둑이 어떤 집에 들어가서 여기저기 뒤져 보았으나 좀처럼 가져갈 것이 없었다. 화가 난 도둑,
"제기랄, 이렇게도 가져갈 것이 없담?"
하면서 투덜대자 주인이 깼다.
도둑이 주인에게,
"아니 당신은 뭐 했기에 집안에 쓸 만한 것이 이렇게도 없소?"
라고 하며 문을 탁 차고 나가려고 하자, 주인이 말했다.

"여보 도선생, 문이나 잘 닫고 가시오. 다른 손님 또 들어와서 헛수 고하지 않게."

어떻게 살라고 Can't live without it

실종되었던 어부가 구조되었다. 혼수 상태인 어부를 부인이 끌어안고,
"여보, 당신 죽으면 난 못 살아."
하며 흐느끼다 보니 남편의 아랫도리에 선혈이 낭자했다.
귀중한 '거시기'를 상어가 먹어 버린 것이다.
안색이 새파래진 어부 아내,
"아이고, 살아도 난 못 살아. 살아도 못 살아!"
대성통

사격훈련 Firing training

아름다운 아가씨가 보병의 연습 장면을 보고 있는데, 돌연 들려 온 소총 소리에 깜짝 놀라 뒤에 서 있던 중대장의 팔을 붙잡고 쓰러졌다.
처녀는 얼굴이 빨개지며,
"미안합니다."
라고 사과하였다. 중대장은 싱글싱글 웃으면서 말했다.
"천만에, 괜찮습니다. 어떻습니까, 이번엔 포병의 연습을 보러 가지 않으시렵니까?"

페인팅 Painting

술집에서 젊은 총잡이 하나가 자기의 무용담을 떠벌려 댔다. 아무도 자기 말에 귀를 기울이지 않자 그는 슬며시 밖으로 나가 버렸다.
잠시 후 그가 문을 박차고 다시 들어왔다.
"어떤 놈이 내 말 궁둥이에다 노란 줄을 그려 놓았어?"

그가 소리쳤다.

"내가 했다! 어쩔래?"

키가 거의 2미터나 되는 거한巨漢이 일어나며 말했다. 겁을 먹은 그는 거한을 아래위로 훑어보더니 이렇게 말했다.

"칠한 게 다 말랐다고 알려드리려고요."

잠좀 자자 Gimme a brake

눈보라가 치는 어느 날, 시골로 출장을 나간 세일즈맨의 자동차가 고장 나 버렸다. 그는 부근의 농가로 터벅터벅 걸어갔다.

집주인인 농부가 말했다.

"그런데 우린 침대가 없으니 어떻게 하죠? 내 딸아이 침대에서 같이 주무시고 가는 도리밖에 없겠군요."

잠시 후 스무 살 처녀와 같이 자게 된 세일즈맨은 그녀에게 수작을 걸어보았다.

"이러지 마세요."

그녀가 말했다.

"아버지를 부를 거에요."

그는 그만두었다. 그러나 반 시간쯤 후, 그는 다시 시도해 보았다.

"아이, 이러지 마세요. 아버지를 부를 거예요."

그러나 그녀는 이렇게 말하면서도 싫어하는 기색이 아니었다. 그래서 세일즈맨은 세 번째 시도를 해보았다. 이번에는 아무런 거부 반응이 없었다. 일을 마친 세일즈맨이 꾸벅꾸벅 졸음 속으로 빠져드는데, 그녀가 잠옷 소매를 잡아당기며 물었다.

"우리 다시 한 번 해볼 수 없어요?"

그는 청을 들어주고 다시 잠이 들었다.

그런데 그의 단잠이 그녀로 인해 또다시 방해를 받게 되자, 세일즈맨은 강력하게 항의했다.

"이러지 말라고! 말 안 들으면 네 아버지를 부를 거야!"

표시 The Sign

"여보게, 고기가 잘 잡히는군. 자네 그 큰 고기 잡은 데 표시해 놓았나?"

"암 해놓고 말고. 배 옆에 '가위표' 표시를 해놓았지."

"이 바보 같으니 우리가 다음에 올 땐 다른 배를 가지고 올지 모르는데…"

아내의 조건 The terms of nice wife

남편의 수입에 11이 간섭하지 않아야 하며
얼굴은 33해야 하고,
남편에게 44건건 22가 없어야 하며
차림새가 77해서는 안되고,
성격은 88하지 않으며
말씨는 99하지 않아야 한다.

남편의 조건 The terms of good husband

여자의 일에 11이 간섭하지 않으며
해 주는 음식에 22가 없어야 하며
얼굴과 몸매는 33해야 하고
여자가 내리는 결정에 44건건 참견하지 않으며
침대에서는 55하고 소리가 나게 해 주어야 하며

때로는 과감하게 66채위도 할 줄 알아야 하며

성격은 77맞지 않아야 하며

정력은 88해야 하고

언제나 늘 99하고 자상하게 말해야 하며

경제력은 00빵-빵해야 한다.

죽어지이당 Unbelievable

맹사성은 황희 정승과 더불어 조선 초기에 큰 공을 세운 재상이다.

맹사성이 고향에 갔다가 한양으로 돌아오는 길이었다.

갑자기 비가 쏟아져 그는 가까운 주막으로 비를 피해 들어갔다.

그곳에는 이미 웬 젊은 선비가 하인을 잔뜩 거느리고 와서 좋은 자리를 차지하고 있었다.

맹사성은 하는 수 없이 한쪽 구석에 쪼그리고 앉았다.

젊은 선비는 혼자 큰방을 차지하고 앉아 글을 읽고 있었다.

얼마간 글을 읽던 젊은 선비는 지루해졌는지, 주막을 휘휘 둘러보다 주인을 불렀다.

"저기 구석에 앉은 저 영감, 차림으로 미루어 글을 조금 알 것 같은데 나랑 글 문답이나 하자고 전해 주게나."

맹사성은 주막 주인이 시키는 대로 젊은 선비와 마주 앉았다.

젊은 선비는 한껏 거드름을 피우며 입을 열었다.

"나 혼자 글공부하기가 지루해서 그러니 나랑 문답으로 글짓기 놀이를 합시다. 묻는 말의 끝자는 '공'으로 하고, 답하는 말의 끝자는 '당'으로 합시다. 어쨌거나 영감님이 나이가 많으니 먼저 글을 지어 보시오."

맹사성은 기가 찼지만, 보통 사람의 옷을 입고 여행하는 중이므로 티를 내지 않고 순순히 응했다.

"어디까지 가는공?"

젊은 선비가 자신 있게 대답했다.

"한양까지 간당."

"무엇하러 가는공?"

"과거 보러 간당."

"자신이 있는공?"

"물론이당."

그로부터 며칠 후, 젊은 선비가 과거장에 이르러 보니 주막에서 만난 예의 늙은이가 시험장의 가장 높은 자리에 앉아 있었다.
알고 본즉, 그가 나는 새도 떨어뜨린다는 재상 맹사성이었다.
맹사성은 젊은 선비를 불러 물었다.
"기분이 어떠한공?"
젊은이는 땅에 이마를 박으며 기어들어 가는 목소리로 대답했다.
"죽어지이당."

미녀와 추녀 An beauty and ugly woman

✚ 공부
미녀 : 잘 하면 쌀방미인, 못하면 맥지미
추녀 : 잘 하면 독한 년, 못하면 백치

✚ 연애
미녀 : 미팅 나가면 여왕으로 모셔진다. 선배부터 동기 중 킹카를 고르면 된다.
추녀 : 미팅 나가면 언제나 폭탄. 2차 가고 싶은 것이 소원이다.

동물 구경 Zoo

은행에 가서 줄을 서 있는데 어떤 여자가 아이를 안고 들어섰다.
그 아이는 은행 창구 앞에서 쥐고 있던 빵조각을 남자 행원에게 불쑥 내밀었다.
그러자 그 행원은 웃으면서 고개를 가로저었다.
아이 엄마는 당황하며,
"얘가? 그러면 못써!"
하더니, 그 행원을 보고
"미안합니다. 얘가 방금 동물원에 다녀왔거든요."

개미 부인의 사랑 The love of wife ant

신체의 불균형을 극복하고 개미와 코끼리가 결혼하게 되었다.
그러나 개미 부인의 과도한 요구로 그만 코끼리 신랑이 쌍코피를 흘리며 쓰러져 버렸다.
개미 부인의 극진한 간호에도 불구하고, 코끼리는 그만 저 세상으로 떠나고 말았다.
개미 부인은 통곡을 하였다.
"아이고! 아이고! 이걸 언제 다 묻나! 언제 다 묻나!"

지갑 Wallet

화성인이 도시 한복판에 착륙하는 순간, 쓰레기차 한 대가 요란한 소리를 내며 지나갔다.
쓰레기차에서 깡통 한 개가 떨어지더니 화성인이 서 있는 쪽으로 굴러 왔다.

화성인이 그 깡통을 집어들더니 쏜살같이 달리는 쓰레기차를 쫓아가며 소리쳤다.

"이봐요! 지갑이 떨어졌어요!"

찰리 채플린, 희극 유머 9

Charles s. Chaplin

영국의 희극배우 · 제작자 · 영화감독.
1989. 4. 16 ~ 1977. 12. 25

콧수염에 프록코트 · 실크 해트 · 지팡이 · 털럭 구두 차림의 시골뜨기 신사, 찰리 채플린. 이 하찮은 차림의 한 사나이가 온 세계 사람들을 웃음의 도가니로 몰아넣었다. 1914년 2월 어느 날, 그는 한순간에 떠오른 영감에 사로잡히고 곧 '떠돌이 찰리'의 의상과 분장이 완성되었다.

"내가 무대에 올랐을 때 그 인물은 완전히 탄생되었다."

웃음을 보여 줌으로써 세계 굴지의 갑부가 되고 명예를 얻은 그는 자신의 삶에서도 늘 유머와 더불어 살았다.

어느 날 아침 거실의 전화벨 소리에 눈을 뜬 찰리, 뒤이어 미국인 비서의 목소리가 들려 왔다.

"네, 누구시라고요? 네? 프린스 오브 웰즈영국 황태자의 칭호시라고요?"

마침 같이 있던 에드워드가 자신이 왕실의 예의에 대해서는 잘 안다고 하며, 전화를 대신 받아 주었다.

"아, 예. 전하이십니까? 네, 알겠습니다. 오늘밤 말입니까? 대단히 감사합니다."

그는 아주 흥분된 목소리로 비서에게 설명했다.

"오늘밤 황태자께서 채플린 씨와 저녁 식사를 함께 하고 싶다는 거예요."

그러더니 찰리의 침실로 뛰어들 기세였다.

"아직 깨우지 마세요."

비서는 연신 말리고 있었다.

"이 바보야, 상대는 황태자야."

에드워드는 화가 머리끝까지 나서 영국식 예법에 대해 도도히 강의를 시작했다.

그는 억지로 흥분을 누르고 채플린에게 말했다.

"자네, 오늘밤에는 시간을 내주어야겠네. 황태자께서 저녁 식사에 자네를 초대하고 싶다고 하셨네."

그러자 채플린은 천연덕스럽게 대꾸했다.

"그쪽이 그렇다면 대단히 난처하게 되었군. 오늘밤에는 H. G. 웰즈 씨와 식사 선약이 되어 있어서 말이야."

채플린의 웃음은 단순하고 경쾌하다. 그는 언제나 시나리오대로 연기하지 않았다고 한다. 말하자면 오늘날의 '애드립의 대부'라고 할 수 있다.

바다 소리 Voice of ocean

네 살짜리 딸과 바닷가를 산책하고 있었다.
딸이 작은 소라껍데기 하나를 줍더니 귀에 갖다 댔다.
그런데 그 소라껍데기는 10원짜리 동전 크기만 한 것이었다.
그래서 엄마가 이렇게 말했다.
"얘, 그걸 가지고는 바다 소리 못 들어. 너무 작아서."
아이는 뭔가 심각하게 생각하더니 대꾸하기를,
"바다 소리는 안 들릴지 몰라도, 어린이 수영장 물소리는 들릴 거야."

피로연 A wedding reception

금자는 약혼 중일 때 남편과 함께 새로 지은 호텔에서 열린 디너 파티에 갔다. 한참 식사를 하고 있는데 남편이 금자에게 귀엣말로 자기 바지가 찢어졌다고 했다.

금자는 평소 핸드백 속에 실과 바늘을 넣고 다녔기 때문에 걱정하지 말라고 남편을 안심시켰다.

그리고 종업원에게 사정을 얘기했다.

그는 우리를 큼직한 여자화장실로 안내했는데, 화장실 문이 한쪽 벽을 따라 늘어서 있는 곳이었다.

금자가 남편의 바지를 꿰매고 있는 동안, 남편은 윗도리는 입은 채, 아랫도리는 와이셔츠 끝자락이 밑으로 길게 늘어진 내복 차림으로 옆에 서 있었다.

더욱이 그는 색맹이었기 때문에 신고 있는 양말이 한쪽은 파란색이었고, 한쪽은 초록색이었다.

그런데 갑자기 여자들이 이야기하는 소리가 점점 가까이 들려 왔다.

금자는 얼른 가장 가까이 있는 화장실 문을 열고 그를 안으로 밀어 넣은 다음, 사람이 못 들어가게 등으로 그 문을 가로막고 서서 계속 바지를 꿰매고 있었다.

그 사이에 여자들이 화장실로 들어왔는데, 등뒤에서 문짝이 금자를 자꾸 밀고 있었다.

금자는 문을 열지 못하게 버티면서 작은 소리로,

"좀 가만히 있어요!"

하고 말렸지만 그이는 여전히 문을 밀고 나오려고 했다.

그래서 금자는,

"아직 사람들이 있단 말이에요!"

하고 낮은 목소리로 말했다.

그랬더니 그 안에서 남편의 다급한 목소리가 들려 왔다.

"그래도 그쪽이 이쪽보다는 나을 거야. 당신이 나를 결혼 피로연장 한복판으로 밀어 넣었단 말이야!"

미아 Idea for a missing child

가족끼리 자주 나들이를 하는 계절인 봄이 되자, 미아가 많이 생겨 걱정이었다. 정부에서는 미아 발생을 막기 위한 좋은 아이디어를 공모했다. 제일 먼저 들어온 아이디어는 다음과 같았다.

〈미아가 될 가능성이 있는 아이는 애당초부터 데리고 다니지 않으면 된다.〉

입사 Interview

회사 인사담당 중역이 입사 응시자들을 면접하고 있었다. 첫 번째 지원자가 들어왔다.
"무슨 특별한 경험이 있습니까?"
"네, 저는 텔레비전 코미디 작가였습니다. 사람들을 웃기는 대본을 썼죠."
"그래? 그럼 자네의 솜씨를 보여 주게."
그러자 그 지원자는 문을 열고 밖을 향해 말했다.
"자, 여러분들, 오시느라 수고가 많았습니다. 이미 사람이 뽑혔으니 그만 돌아가 주십시오."

숫자 Number

한 농부가 닭 여러 마리를 상자에 넣어 어린 조카에게 보냈다.
소년이 닭을 꺼내려는데 상자가 갑자기 열리면서 닭들이 후다닥 도망가고 말았다.

소년이 다음날 삼촌에게 편지를 썼다.
〈옆집 마당까지 쫓아갔지만, 열한 마리밖에 못 잡아 왔습니다.〉
삼촌이 답장을 썼다.
〈그럼 됐다. 나는 여섯 마리밖에 안 보냈으니까.〉

가격이 문제 The problem is…

어느 아름다운 아가씨가 호화로운 칵테일 라운지에서 멋쟁이 차림의 남자와 만났다. 두 사람은 말을 나누기 시작하여, 곧 인간의 본질에 관해 친근하게 대화를 나누게 되었다.
"만약에 1억 원이 생긴다면 말입니다. 생면부지의 사람과 잠자리를 같이 하겠습니까?"
하고 남자가 묻자 그녀는 대답했다.
"네, 나 같으면 응하겠어요."
"20만 원을 드린다면 나하고 같이 자겠어요?"
남자가 묻자 그녀는 화가 나서 쏘아붙였다.
"아니, 날 어떻게 보는 거예요?"
"그 점당신이 무엇이냐에 대해서는 이미 입증이 됐잖아요."

하고 남자가 시치미를 뗐다.

그러자 아가씨가 씩씩거리며 분을 참지 못했다.

남자는 이어서 말했다.

"이제 우린 그 값을 가지고 입씨름을 하고 있는 거라고요."

확인 Test

이발사가 실수하여 두 번이나 손님의 목에 상처를 입혔다.

손님 : 여보 이발사, 물 좀 가져와요!

이발사 : 왜요? 입에 머리카락이 들어갔나요?

손님 : 그게 아니라, 내 목에서 물이 새나 안 새나 보려고요.

전공 Major

의대생 : 선생님, 저는 무엇을 전공할까요?
교 수 : 돈을 벌고 싶나?
의대생 : 네, 가난에 아주 진저리가 났습니다.
교 수 : 그렇거든 산부인과를 하게. 산부인과의 환자들은 으레 남자 의사에게 오는데, 아무리 껄렁껄렁한 의사라도 한 번 보인 의사에게 자꾸 오는 법이니까!

연습 Practice

K대학의 운동 코치들은 대개 날마다 하는 연습 코스에 계단 오르내리기를 넣는다. 하루는 늦게 참가한 민수가 운동장 관람석의 계단을 스무 번 오르내리라는 명령을 받았다. 우리는 그 동안 민수를 빼놓고 연습을 하고 있었는데 누군가가 뒤를 돌아보며,
"이상하네, 민수가 왜 이렇게 더디지?"

하고 말했다. 그 말을 듣고 코치가,

"이봐, 민수! 뭘 꾸물거리고 있는 거야!"

하고 소리를 지르자, 민수는 이렇게 대답하는 것이었다.

"올라가는 것 스무 번은 끝났고요. 내려가는 것 스무 번은 거의 끝나 갑니다!"

김 이병 Private

신병 소대를 지휘하던 상사가,

"소대 제자리에 섯!"

하고 명령하자 모두 섰는데, 한 병사만 계속 앞으로 나가려고 하는 것이었다.

상 사 : 김 이병! 너는 입대하기 전에 무엇을 했나?
김이병 : 네, 전 마부였습니다!
다시 소대의 행진이 시작되었다.
상 사 : 소대 제자리 섯! 김 이병은 워!

원격 조종 Remote control

아들이 집에서 기르는 개를 데리고 훈련장에 가는데 아빠도 따라가게 되었다. 아빠는 한창 진행되고 있던 올림픽의 텔레비전 중계방송을 놓치고 싶지 않아서 휴대용 텔레비전을 가지고 갔다.

텔레비전 때문에 다른 사람들과 개들의 주의가 산만해질까 봐, 아빠는 사람들로부터 멀찌감치 떨어진 곳에서 안테나를 길게 뽑고 낮은 볼륨으로 텔레비전을 시청하고 있었다.

길게 뽑은 안테나만 보였기 때문에 아빠는 자신의 행동이 다른 사람들의 주의를 끌지 않을 것으로 생각하고 있었는데, 어떤 남자가 지나가면서 이렇게 묻는 게 아닌가?

"개를 원격조정하고 있는 겁니까?"

잘못 건 전화 Wrong number

아이가 아빠 사무실로 전화를 걸었다.

아이 : 여보세요. 전화 받으시는 분이 누구시죠?

아빠는 아들의 전화임을 직감하고,

아빠 : 세상에서 제일 머리가 좋은 사람입니다.

아이 : 죄송해요. 전화를 잘못 걸었습니다.

기혼 사원 Married employee

어떤 회사에서 사원을 모집하는데 기혼 남성만 뽑는다는 것이다.
이상하게 여긴 지원자가 물었더니 사장이 말하길,
"내가 가끔 고함을 지르는데 기혼 남자는 많이 훈련이 되어 꿈쩍도
 하지 않는데, 미혼 남성은 잘 놀래더라고."

습관 Habit

동네 슈퍼마켓에서 계산을 하려고 사람들이 줄을 서 있었다.
기다리기가 무료한지, 한 애기 엄마가 손수레를 밀었다 당겼다 하면서
손수레 속의 '야채'를 흔들어 주고 있었다.

언제 봤다고? Do I know you?

소심해 보이는 한 젊은 남자가 더듬더듬 말을 시작했다.
"선생님, 저어, 그게 말씀드리기가 좀, 부탁의 말씀을, 저어…."
"아, 알았어. 이 사람아. 그 애를 자네에게 주겠네."
상대방이 흔쾌히 대답했다.
그 젊은이가 숨을 헐떡이며 물었다.
"뭐라고요? 저한테 누굴 주신다고요?"
"내 딸을 주겠네. 자네, 내 딸과 결혼하고 싶어 그러는 거 아닌가?"
"실은 그게 아니고…."

그 젊은이가 또 말을 더듬으면서 얘기했다.

"실은 저한테 50만 원만 꾸어 주십사 하고 부탁드리려던 참이었어요."

"돈을 꿔 달라니! 절대로 안 돼! 내가 자네를 언제 봤다고?"

세관 신고 Customs declaration

공항 세관원이 한 여행자를 세우고 신고할 물건이 없느냐고 물었다.

"네, 없습니다."

여행자가 대답했다.

"정말입니까?"

"물론 정말입니다."

"당신 뒤에 있는 저 코끼리는 뭡니까? 양쪽 귓속에 빵이 들어 있는데."

세관원이 따졌다.

"이거 보세요. 내가 내 샌드위치에 뭘 넣어 먹든 그건 내 자유 아닙니까?"

최초의 여자 First woman

한번은 주일학교 교사가 한 남자아이에게 최초의 남자의 이름을 물었다. 아이는 재빨리 '아담' 이라고 대답했다.
주일학교 교사는 아이에게 다시 최초의 여자이름을 물었다.
그런데 아이는 그 질문에는 자신이 없었던지 한참 동안이나 생각을 하더니,
"마담 아닌가요?"

갈빗대 My rib

주일 학교에서 창세기를 배운 어린이가, 이브가 아담의 갈빗대로 만들어졌다고 하는 데 깊은 관심을 갖게 되었다.
어느 날, 밖에서 뛰어놀던 철수가 집으로 달려오면서,
철수 : 엄마, 나 아내를 갖게 되는가 봐요.
엄마 : 뭐라고? 네가 장가를 간다고?

철수: 예, 내 옆구리가 몹시 아프단 말이에요. 분명히 갈빗대가 빠지는 것 같아요.

숫자 공부 Count

세 아들이 있었는데, 그 중 한 녀석이 셈을 할 줄 몰랐다.
아빠는 셈을 가르쳐 주느라고 종이를 작게 잘라 아이들에게 한 장씩 나누어 주면서,
"이걸 아이스크림이라고 생각하는 거야. 알았지?"
하고 말했다. 그런 다음, 아빠는 다시 종이를 거두어들였다.
"하나. 둘. 근데 철수야, 네 것은 어디 있니?"
철수가 대답했다.
"먹었어요."

디즈레일리, 위기일발의 유머 10

Benjamin Disraeli

영국의 정치가.
1804. 12. 21 ~ 1881. 4. 19

평소 디즈레일리를 반격해 오던 같은 의원 출신의 정적政敵 글래드스턴은 어느 날 듣기에도 민망한 소리를 지르고 말았다.

"디즈레일리 씨, 그렇게 말하는 당신의 행동이 대체 그게 뭐요? 내가 들은 믿을 만한 소식통에 의하면 당신은 못된 성병에 걸렸다는데 그게 사실이오?"

이 말에 국회의사당 안은 찬물을 끼얹은 듯 조용해졌다.

그런 끔찍한 모욕을 당한 상대방 의원이 어떻게 나올 것인가에 대하여 모두들 손에 땀을 쥐고 디즈레일리의 다음 말을 기다리고 있었다.

그러나 정작 디즈레일리는 싱글벙글 웃고 있다가 미안스러운 표정을 지으며 다음과 같이 말하였다.

"당신 그걸 어떻게 알았소? 내가 당신의 정부情夫와 함께 자고 난 덕분에 그렇게 된 것인데, 그만 당신 정부가 일러바친 모양이구려."

다음 순간 의사당 안은 폭소가 일어나 온통 웃음판이 되었다. 누가 보더라도 이 판은 디즈레일리의 판정승임에 틀림없었다.

상대편의 모욕에 대하여 기가 막히는 한 마디 말로 무사통과한 동시에, 상대편에게 그 죄(?)를 슬쩍 뒤집어씌운 통쾌한 승리였다.

유대계 상인의 아들로 태어나 어릴 때부터 문학에 소질이 있어 소설가로서도 성공을 하였지만, 디즈레일리가 일약 정치계의 거물이 되기에는 그의 뛰어난 웅변술 덕분이었.

작가적인 안목으로 사람을 잘 관찰하고, 때와 장소에 맞는 적절한 유머를 구사함으로써 그는 영국에서뿐 아니라 전 세계 지도자들의 표본이 된 것이다.

신병 A rookie

신병을 교육시키는 중사가 신병 1개 소대를 이끌고 훈련을 시켰다.

"자, 똑바로 걷기 위해서는 우선 자세를 바로 하고 눈은 앞을 바라보고, 발은 45도로 들어서 앞으로 수그리며 정확하게 내디뎌야 하는 거다. 알았나?"

"넷!"

"그래, 그럼 지금부터 해보도록! 우선 오른손을 올리고 오른발을 올려서…"

하는데 한 사병이 잘못하여 왼발을 올리고 왼팔을 올렸다. 이것을 앞에서 본 중사,

"저기 두 다리를 다 올리고 두 팔을 다 들고 있는 신병 누구야?"

하고 고함을 쳤다.

키스 Kiss

남 : 내 질문에 대해서 세 번 만에 알아맞히지 못하면 키스할 거야.
여 : 염려 말아요. 척척 알아맞힐 테니까.
남 : 그럼, 아메리카 대륙을 발견한 사람은 누구지?
여 : 에이…. 그걸 모를까 봐? 나폴레옹이지 뭐. 어머, 틀렸어? 그럼 단테. 또 틀렸다고? 음, 나이팅게일인가 그럼? 것도 아니라고? 할 수 없지, 뭐. 자, 키스해 줘.

WC

한 친구에게 물었다.
"WC가 뭔 약자인 줄 알아?"
"짜식, 그것도 모를 줄 알고? 그건 워터 크로젯water closet의 약자야."
그러자 다른 친구가 말했다.
"너, 너무 똑똑한 척하지 마. 그건 응가W 하고 쉬C의 약자라고."

배꼽 점 Fortunetelling

이 글을 잘 읽어 보고 당신의 배꼽은 어디에 해당하는지 알아볼 것.

- 위로 향한 배꼽

  늙어서 부자가 된다.

- 아래로 향한 배꼽

  돈은 많이 생겨도 큰 재산은 없다.

- 옆으로 갈라진 배꼽

  돈운이 좋은 편이다.

- 세로로 갈라진 배꼽

  돈운은 좋으나 재산이 모이지 않는다.

- 깊은 배꼽

  돈운이 좋고 노년이 절정이다.

- 얕은 배꼽

  돈운은 그저 그렇지만 일확천금은 힘들다.

- 얕고 큰 배꼽

  돈운이 좋아 돈은 벌지만, 나가는 것이 많다.

- 나온 배꼽

  돈운이 좋지 않다. 들고 나가는 것이 심한 편이다.

- **벌어진 배꼽** 불규칙하게 벌어진 배꼽

  돈을 헤프게 쓴다.

질투 Jealousy

어느 날 아담이 이브에게 말했다.

"이브, 아까 식량을 넣어 두는 구덩이를 살펴보니 고기가 하나도 없던데, 지금부터 사냥을 나가 공룡이라도 한 마리 잡아와야겠어. 그러니 점심은 걱정하지 않아도 돼."

"네, 다녀오세요. 하지만 감기에 걸리면 안 되니까 나뭇잎으로 가리고 가세요."

아담은 사냥을 떠난 지 5일이 지난 어느 날 저녁, 빈손으로 돌아왔다.

이브는 의심을 품은 얼굴로,

"당신, 어딜 다녀왔어요? 그리고 빈손으로 왔잖아요. 공룡이 없으면 곰이라도 잡아 오면 되잖아요. 그래요, 이제 날씨가 추워지는데 모피가 필요하다고 몇 번이나 말했어요. 아담, 혹시 어디서 바람피우고 온 거 아니에요?"

이때 하느님이 멀리서 보고 웃으시면서,

"바보 같은 소리, 이 세상에 여자는 너 하나밖에 없지 않은가?"
잠시 후 아담은 크게 하품을 하더니 풀 위에 누워서 코를 골았다.
이브는 아무래도 석연치 않아,
"아마, 늑골을 또 하나 뽑아 다른 여자를 만들었을 거야."
이렇게 생각한 이브는 남편의 늑골을 몇 번씩이나 헤아려 보았다.

한 번 더 Home training

호텔에 투숙한 남녀가 이야기를 나누고 있었다.
"너의 집은 굉장히 가정교육이 엄하다지? 만약 아이가 생기면 어떻게 하겠어?"
남자가 호기심 어린 눈길로 물었다.
"자살하겠어요."
"그것 참 잘 됐군. 그럼 한 번 더 할까?"

플레이 보이 Playboy

아들 : 아빠가 전에 유명한 플레이보이였다고요?

아빠 : 지금은 별 볼일 없지만 예전에는 그랬단다.

아들 : 하지만 아빠의 명성에 비해 엄마는 못생겼군요.

아빠 : 네가 생겼기 때문에 어쩔 수가 없었던 거야.

아들 : 알 수 없군요. 내가 생기지 않았으면 우리 엄마는 더 예뻤단 말입니까?

몸무게 Weight

예쁘게 생긴 아가씨가 약국에서 자동 체중계에 동전을 넣고 몸무게를 달았다. 60kg이었다.

"어머, 이럴 리가 없는데…"

아가씨는 코트를 벗고 다시 달아 봤으나 59.5kg이었다.

아가씨는 다음엔 웃옷을 벗고, 그 다음엔 벨트를 벗고 달아 보았는데도 신통치가 않았다.

그래서 다음엔 신발을 벗고 달아보려 하는데 동전이 없었다.

그때, 저쪽에 앉아 있던 한 남자가 다가왔다.

"아가씨! 여기 동전 한 보따리 있어요. 맘 놓고 재보세요."

코끼리를 냉장고에 넣는 방법
How to put elephant to refrigerator

회화과 : 코끼리를 그려서 냉장고에 넣는다.

정외과 : 코끼리를 거꾸로 매달아 '나는 강아지'라는 자백을 얻을 때까지 고문한 다음 냉장고에 넣는다.

가정과 : 코끼리를 조려서 소시지로 만들어 넣는다.

건축과 : 실제의 코끼리보다 작은 모형을 떠서 냉장고에 넣는다.

철학과 : 코끼리가 강아지만하게 보일 때까지 술을 취하게 마신 뒤, 강아지로 보이는 순간 냉장고에 얼른 넣고 문을 닫는다.

경제과 : 코끼리가 들어가는 냉장고를 수입하든지, 냉장고에 들어가는 코끼리를 수입한다.

생물과 : 코끼리를 부문별로 표본을 떠서 넣는다.

수학과 : 코끼리를 미분해서 냉장고에 넣은 후 적분한다.
화학과 : 코끼리를 염산에 녹여 냉장고에 보관한다.
체육과 : 코끼리를 운동장을 돌려서 강아지만해질 때까지 땀을 빼게 한 후 냉장고에 넣는다.

누가 신세 망치는 건지
Don't ruin my career

한 택시 기사가 주택가를 달리고 있는데, 할아버지가 갑자기 차 앞으로 뛰어들었다. 급정거를 해 간신히 사고를 피한 기사가,
"할아버지, 누구 신세 망칠 일 있습니까? 전 5년 무사고 운전사란 말입니다."

라고 말하자 할아버지가 하는 말,
"이 사람아! 나는 70년 무사고 보행자야!"

말 되네 It makes sense

초등학생을 모아놓고 목사님이 열심히 설교를 하고 나서, 마지막으로 질문을 했다.
"자, 천국에 가기 전에 뭘 해야 하는지 아는 사람?"
평소에도 영특한 소리만 하는 민지가 손을 번쩍 들고 말했다.
"죽어야죠."

핑계 없는 무덤 없다 Much excuse

한 땡땡이 중이 절에서 닭을 잡아 털을 벗기다, 지나가던 사람에게 들켰다.
"아니 스님, 불가에서 어찌 살생을…."

그러자 당황한 스님이 하는 말,

"글쎄, 이 닭이 어찌나 불심이 강한지 고뇌를 청산하기 위해 살신성인을 하겠다고 하기에…."

삐삐! Stop it

갓 결혼한 신혼부부가 드디어 첫날밤을 맞았다.
신랑이 고백할 말이 있는데 해도 되느냐고 신부에게 물었다.
신부는 사랑에 가득 찬 눈으로 그러라고 했다.
"난 당신이 첫 여자가 아니야! 다른 여자가 있었어."
신부는 이해할 수 있다는 표정으로, 젊을 때는 누구나 한 번쯤은 그럴 수 있다며 웃어 보였다.

그러자 신랑이 당황하며,

"한 명이 아니야! 대여섯은 될 걸."

라고 하자, 신부는 더 이상 참지 못하고 소리를 질렀다.

"빼!"

누구게? Guess who

영수가 레스토랑에 갔다. 식사를 주문하고 기다리는데 웨이터가 다가왔다. 그 웨이터는 손님을 잘 웃기기로 소문난 사람이었다.

웨이터 : 손님, 지루하실 텐데 제가 재미있는 이야기 해드릴까요?

영　수 : 해 주세요.

웨이터 : 저희 어머니께서 아이를 하나 낳았는데 제 동생도 아니고 제 누나나 형도 아닙니다. 누구일까요?

영　수 : 글쎄요.

웨이터 : 바로 접니다.

웨이터의 이야기가 참 재미있다고 생각한 영수는 다음날 친구에게 그 얘기를 해 줘야겠다고 생각했다.

영수 : 내가 문제 하나 낼게 맞춰 봐.
친구 : 그래.
영수 : 우리 엄마가 아이를 낳았는데 내 동생도 아니고 누나나 형도 아니야. 누구~게?
친구 : 몰라.
영수 : 하하하…… 그것도 모르냐? 바로 웨이터야.

아직 안 죽었어 I'm still alive

임종을 보기 위해 자식들이 둘러앉아 있는 가운데 아버지는 지난날을 회고하며 유언을 했다.
"얘들아, 너희 엄마의 음식 솜씨를 따라갈 사람은 이 세상에 아무도 없단다. 지금도 너희 엄마가 만드는 부침개 냄새가 나는구나. 아들아, 가서 부침개 한 쪽만 가져다 주겠니?"
하고 말했다.

잠시 후 부침개를 가지러 간 아들이 빈손으로 돌아왔다.

이를 본 아버지가 물었다.

"왜 빈손으로 왔니?"

아들이 하는 말,

"엄마가 그러시는데요. 아버지 드릴 건 없고 내일 문상 오시는 손님들 대접할 것밖에 없다는데요."

유머 정신 Sprit of humor

도둑질을 하면서도 유머 정신을 잊지 않는 사람들이 있었다.

코스타리카의 닭 도둑은, 훔치고 남은 수탉의 목에 다음과 같은 쪽지를 남겨 두었다.

〈나는 새벽 2시에 홀아비가 되었다.〉

금고에서 5만 달러를 훔쳐 간 뉴저지의 절도범들은 금고에 표어를 걸어놓고 갔다.

〈웃어야 산다.〉

아무짝에도 쓸모없는 것 Useless

아버지가 여섯 살 난 아들을 데리고 동물원에 갔다. 코끼리를 본 아들은 매우 신기하다는 듯 이리저리 뜯어보다가,

아들 : 아빠! 저기 축 늘어진 게 뭐야?

아빠 : 코끼리 코지.

아들 : 아니, 그 뒤쪽에 붙은 거 말이야.

아빠 : 그건 꼬리지.

아들 : 다리 사이에 있는 것 말이야.

아빠 : 아! 그건 코끼리 고추지.

아들 : 근데 아빠, 지난번 엄마하고 같이 왔을 때 물어보니까, 엄마는 아무짝에도 쓸모없는 거라고 그랬어.

아빠 : 망할 놈의 여편네 같으니라고!

다 말해 보아라 Tell me everything

계집종이 훌쩍훌쩍 울고 있는 것을 본 서 생원이 그 사연을 물었다.

"다 큰 계집이 왜 울고 있느냐?"

"망측해서 말씀을 올리지 못하겠습니다. 저 돌쇠란 녀석이……."

"그래, 돌쇠 녀석이 어쨌다는 거냐? 날 아버지처럼 생각하고 숨김없이 말해 보거라."

"글쎄, 돌쇠 녀석이 소녀를 뒷동산으로 데리고 가서는……."

"이런 몹쓸 놈이 있나! 그래서 어찌 하더냐?"

"갑자기 소녀를 땅에 쓰러뜨리고……."

"껴안았단 말이냐?"

"아니옵니다. 더 심한 짓을 했사옵니다."

"그럼 치마 밑으로 손이라도 넣었다는 것이냐? 이렇게?"

"아니옵니다. 더 심한 짓이옵니다."

"으음, 그럼 속곳 속으로 이렇게 손을 쑤셔 넣고 이렇게?"

"네."

"그래서, 그래서 넌 어떻게 했지?"

계집종은 돌연 서 생원의 뺨에 불이 번쩍 나도록 따귀를 갈기더니 말했다.

"이렇게 했습니다."

전라도의 지하철 안내방송
Subway Ment

아따~ 시방 멈춰선디는 광주역잉께라~ 요그서 내릴라고 폼잡는 분덜은 가오잡지 말고 싸게싸게 내려불쇼~ 문짝과 바닥 틈이 허벌나게 널브버링게… 다리몽댕이 안 낑기게 엔간치들 조심하시랑께. 댕기기 옹색혀서 겁나게 미안스럽네이~

엄마의 문자 메시지
Simple message from mom

달호 엄마는 휴대폰의 '휴' 자도 몰랐다. 그러던 엄마가 휴대폰을 사게 되어 달호는 문자 보내는 법을 가르쳐 드렸다.
엄마는 회사에 있는 아빠에게 열심히 문자를 보냈다.
달호가 뭐라고 보냈냐고 물어보자 엄마는,
"여보, 사랑해."

라고 썼다고 말했다.

그런데 잠시 후, 아빠가 엄마에게 전화를 해 씩씩거리며 무슨 소리냐고 따져 묻는 것이었다.

아빠가 받은 문자 메시지에는 다음과 같은 문장이 적혀 있었던 것이다.

"여보, 사망해."

엽기적인 아들 Moron son

추석 날 어느 한 가정에서 있었던 일이다. 늘 그랬듯 그날 밤에도 어른들은 고스톱 게임을 하고 있었다. 그런데 아들이 새벽임에도 불구하고 자지 않고 자기 아비지를 응원하고 있는 것이었다.

"아빠, 똥 먹어. 똥!"

"아빠, 그냥 죽어. 이번 판은 어쩔 수 없어."

옆에서 보고 있던 삼촌이 한 마디 하였다.

"이놈아, 아버지한테 그게 무슨 말버릇이냐? 어른들도 다 계신데."

그러자 아들도 정신을 차렸는지 고개를 끄덕인 후 아버지에게 말했다.

"아버님, 변 드시지요."

"아버님, 이제 그만 작고하시지요."

화장발 Makeup effect

고구마와 감자가 길을 가고 있었다.
한 공원을 지나는데 찹쌀떡이 앉아 있었다. 감자가,
"고구마야, 저 찹쌀떡 진짜 예쁘지 않냐?"
하고 말하자, 고구마는 뭐가 예쁘냐며 퉁명스럽게 대꾸했다.
다시 감자는,
"저것 봐, 하얀 얼굴이 너무 예쁘잖아."
하고 말했다.
이때 칭찬을 들어 쑥스러워진 찹쌀떡이 돌아앉는 바람에 하얀 밀가루가 떨어져 내렸다. 그러자 고구마가 말했다.
"것 봐, 화장발이잖아!"

당돌한 여학생 Spunky school girl

어느 날 늦은 오후, 무섭게 생긴 아줌마가 버스를 탔다.
버스 안은 승객들이 많아서 빈 좌석이 없었다. 아줌마는 버스 안을 한번

둘러보더니, 자리에 앉아 있는 한 여학생 앞으로 갔다.
여학생은 모른 척하고 창 밖을 내다보고 있었다.
그러자 아줌마가 투덜거렸다.
"요즘 애들은 버릇이 없어. 나이 많은 사람이 서 있으면 양보를 해야 되는데 좀처럼 양보를 안 한단 말이야."
그러자 여학생이 말했다.
"그럼 아줌마가 할머니라도 된단 말이에요?"
화가 난 아줌마,
"아니, 어른이 말씀하시는데 어디다 눈을 똥그랗게 뜨고 있어?"
라고 소리 지르자, 그 여학생이 다시 말했다.
"그럼, 아줌마는 눈을 네모로 뜰 수 있어요?"

똥나라에는 Dung country

- 똥 나라의 왕비 : 변비
- 똥 나라의 할아버지 : 뽀오옹
- 똥 나라에 사는 개 : 똥개
- 똥 나라의 개가 짖는 소리 : 똥꾸멍

- 똥 나라에 사는 고양이가 우는 소리 : 똥꾸뇨오옹
- 똥 나라에 사는 쥐 : 뿌지쥐
- 똥 나라에 사는 새 : 똥냄새
- 똥 나라의 국조國鳥 : 정화조
- 똥 나라에 사는 뱀 : 설사
- 똥 나라에 사는 용 : 똥구뇽
- 똥 나라에 사는 곤충 : 회충 · 요충 · 십이지장충
- 똥 나라에서 제일 아름다운 꽃 : 나프탈렌
- 똥 나라에 흐르는 냇물 : 똥구린내
- 똥 나라 사람들이 사는 동네 : 변두리
- 똥 나라의 도자기 : 변기
- 똥 나라의 회계장부 : 차변은 없고 대변만 존재한다.
- 똥 나라의 검은 망토와 가면을 쓴 정의의 사나이 : 쾌변조로

처칠, 리더의 유머 11

Winston Churchil

영국의 수상을 2번 역임.
20세기를 빛낸 세계 정치 지도자로 꼽힌다.
1874. 11. 30 ~ 1965. 6. 24

"**처**칠만큼 재능과 힘을 가진 논객論客과 웅변가는 많았지만, 우리가 처칠에서 사랑을 느끼는 장난꾸러기 같은 재능과 장난기 어린 유머를 가진 논객이나 웅변가는 없었다."
라고 한 해롤드 맥밀런 의원의 평은 가장 정확하게 처칠을 묘사한 이야기라고 하겠다.
처칠이 화장실에서 노동당 당수와 마주쳤다. 처칠과 숙적이던 상대는 처칠을 비난했고, 이에 대해 처칠의 항변 한 마디.
"그쪽 사람들은 무엇이든지 굵고 단단한 것이 있으면 국유화하려고 해서 말이오."
정치가로서 처칠이 행한 연설은 역사상 가장 감동적인 것 중의 하나였다. 그는 정치문제에 관해서 확신을 가지고 말하는 탁월한 능력을 지니고 있었다.
천재와 보통 사람과의 차이는, 선천적인 뇌의 기능보다는 목표와 목적과 확신 때문에 생긴다는 말이 있듯이, 처칠은 사랑하는 조국의 수호와 안전을 위해 지도적 역할을 하겠다는 가장 위대한 목적을 평생 지니고 있었던 것이다.
처칠이 루스벨트와 회담할 때의 일이다.
목욕 후 타월이 흘러내려 맨 몸을 보이게 된 처칠이 하는 말,
"우리 영국은 대통령 각하와 미국에게 아무것도 감추는 바가 없습니다."
그는 만년에도 늘 주변사람들을 편안하게 해 주는 말을 해서 화제를 모았다.
"나는 창조주를 만날 준비가 되어 있다. 그분이 나를 만날 준비가 되어 있는지는 별개의 문제다."
이처럼 항시 낙관적인 사고방식의 소유자여서일까, 처칠은 힘난한 정치가로서의 일생을 살았음에도 91세까지의 장수를 누렸다.

땀내는 약이라더니 It's not your turn

옛날 시골에, 한 선비가 살고 있었다. 그는 우둔했지만 집안이 넉넉했고, 그의 아버지 생원은 호색한이었다.

생원의 집에는 열일곱 살 먹은 한 여종이 있었다. 어릴 때부터 방에서만 자라 규중처녀와 다를 바 없었다. 게다가 절세의 미녀였다.

생원은 그녀를 한번 범하고 싶었지만, 잠시도 좌우에 사람이 없는 틈이 없어 기회를 잡을 수 없었다. 이에 생원은 하나의 계책을 세우고 이웃의 절친한 의원인 박씨를 찾았다.

"내가 병을 앓는 것처럼 할 터이니 자네는 나를 진맥하고 이러이러한 말을 하게. 내 말 알겠지?"

의원은 생원의 부탁을 들어주마고 했다. 며칠 후, 생원은 갑자기 크게 아픈 시늉을 하며 자리에 누웠다.

하인들이 아들에게 생원의 병환을 알리었다. 아들이 크게 놀라 달려오자 생원은,

"온 몸이 아프고 한기가 드니 몹시 괴롭구나."

하며 크게 엄살을 떨었다.

아들은 크게 걱정하여 당장 박 의원을 청해 진맥케 했다.

"며칠 전에 뵈었을 때만 해도 건강하셨는데 어찌 이렇게 갑자기 환후가 위독해진 거요? 노인의 맥박이 이 지경이니 제 생각으로는 지을 만한

약이 없으니 다른 명의를 청하는 것이 옳을 것 같소."

아들은 크게 당황하여 의원의 손을 잡고 간청하였다.

"다른 의원이 어찌 당신만 같으며, 또 의원님은 아버님의 기품이나 맥도를 익히 알고 계신데, 어찌 좋은 방법을 가르쳐 주지 않고 물러가려 하시오?"

의원은 한동안 깊이 생각하는 시늉을 하더니,

"백약이 무효이나 한 가지 방법은 있소. 하지만 얻기에 곤란하고, 또 잘못 쓰면 해가 있으니 답답하오."

라고 말하며 난감한 표정을 지었다.

"의원님, 비록 어떤 어려움이 있다 해도 소자가 있는 힘을 다해 얻겠으니 소상히 일러 주시오."

의원은 다시 한참 망설이는 척하다가 입을 열었다.

"병환은 오로지 한기가 가슴과 배에 맺혀 있기 때문이오. 그러니 사내를 경험하지 않은 열여섯 일곱의 숫처녀를 얻어 병풍으로 바람을 막고 가슴팍을 서로 대고 누워 땀을 내게 되면 쾌유될 것이요. 하지만 그런 처녀는 상놈의 딸이라면 이미 사내를 겪었는지를 알 길이 없고, 여염집 규수는 아무리 한때의 약으로 그러한다고 해도 즐겨 응낙을 하지 않을 게 아니오. 이것이 말하자면 난제라는 것이오."

이때 마침 생원의 부인이 마루에서 이 말을 듣고는 급히 아들을 불러,

"지금 의원의 말을 들었는데 그 약을 얻는 건 그리 어려운 게 아니다."

하고 반색을 하며 말을 이었다.

"내 방의 여종은 어릴 적부터 내 이불 속에서 자라 지금껏 문 밖 구경을

못했으니 이는 곧 양반집 규수와 조금도 다를 바가 없느니라. 게다가 그애의 나이가 지금 열일곱이니 안성맞춤이 아니겠느냐. 달리 약을 구할 수 없다면 그애를 약으로 쓰는 게 좋지 않겠느냐."

"과연 잘 됐습니다. 어머님의 말씀대로 해보지요."

아들은 기뻐서 의원의 말과 어머니의 말을 서둘러 아버지에게 전했다.

"세상에 어찌 그런 약이 있겠느냐. 하지만 의원의 얘기도 있고 하니 한 번 시험해 본다고 해서 무슨 해가 있겠느냐."

생원은 기쁨을 감추고 점잖게 동의했다.

그날 밤, 방 안을 병풍으로 거듭 가리고 여종에게 치마와 저고리를 풀게 하고 생원의 이불 속으로 들게 했다.

아들은 마당을 서성거렸고, 부인은 문 밖에 서서 생원이 땀을 내는 것을 은근히 살피고 있었다.

얼마 후, 생원이 여종과 운우의 극에 이르자, 부인은 방 안의 사정을 짐작케 되었다.

"그새 무슨 놈의 땀을 내는 약이란 말인가. 그렇게 해서 땀을 내는 거라면 나와는 땀을 못 낼 게 뭣인가."

부인이 이렇게 중얼거리며 불만을 쏟자, 아들이 다가와 눈을 흘기며 한마디 했다.

"참, 어머님은 어찌 그리 사정을 모르고 어리석은 말씀을 하십니까? 어머님이 어찌 처녀와 같단 말씀입니까?"

십자가의 참뜻 The meaning of cross

아들 : 아빠, 교회 지붕에 왜 더하기(+) 표시가 되어 있어요?
아빠 : 글쎄? 교회敎會에 안 나가 봐서 모르겠지만 무엇이든지 보태 달라는 거겠지.

줄서! That's enough

40세까지 시집 못 간 노처녀가 있었다.
이를 비관하여 자살하기로 마음먹은 그녀는 죽기 전에 남자를 알게 해 달라고 기도했다.
기도를 마친 후, 높은 빌딩 옥상에서 떨어졌는데, 마침 그 밑을 지나가는 바나나를 실은 트럭 위로 떨어졌다.
그래서 바나나가 코로, 입으로, 귀로, 구멍을 찾아 계속 들어가는 것이었다. 그러자 여자가 하는 말,
"줄서! 이 자식들아!"

모자를 반드시 씁시다 Let's wear hat

아름답고 날씬한 여자가 비키니 수영복 차림으로 남자들의 시선을 끌려고 보란 듯이 수영을 하다가 수영복이 터졌다.
남자들의 시선이 집중되자, 여자는 당황한 나머지 쩔쩔매다가 옆에 있는 안내 팻말로 '거기'를 가렸다.
이를 본 남자들의 눈이 일제히 휘둥그레졌다.
이상하게 생각한 여자가 내려다보았더니, 〈남자 전용 수영장〉이라고 써진 팻말이었다.
'엄마야!'
하며 다른 팻말로 바꿔 가렸다.
그러자 남자들이 입을 벌리고 침을 흘리는 게 아닌가.
팻말을 보았더니 이번에는 〈수심 2m〉였다.
여자는 번개같이 다른 팻말과 바꿔서 가렸다.
그랬더니 이번에는 어린이까지 관심을 보이는 게 아닌가.
〈대인 10,000원, 소인 5,000원〉이라고 쓰여 있었기 때문이다.
그래서 다시 다른 걸로 바꿔 가렸다.
그랬더니 주위의 남자들이 흩어지는 게 아닌가.
팻말의 내용인즉,
〈수영시에는 반드시 수영 모자를 씁시다.〉

진짜 싸나이 Macho

- 남자가 낮일도 못 하고, 밤일도 못 하는 경우 : 웬수
- 남자가 낮일도 잘 하고, 밤일도 잘 하는 경우 : 싸나이
- 남자가 낮일은 잘 하는데, 밤일은 못 하는 경우 : 타인
- 남자가 낮일은 못 하는데, 밤일은 잘 하는 경우 : 짐승

손빨래 Washing

노모를 모시고 사는 신혼부부가 노모와 한방에서 살고 있었다. 신혼부부는 암호로 '세탁기 돌리쟈' 하면 둘이 밖에 나가서 자고 오기로 했다. 어느 날 밤 신랑이,

"세탁기 돌리자."

라고 했다. 신부가 답했다.

"아까 빨래했어요."

그러자 하는 수 없이 신랑은 혼자서 자위 행위를 했다.

조금 후 생각이 난 신부,

"여보, 세탁기 돌려요."

하자 신랑이 대답했다.

"조금 전에 손빨래 끝냈어."

결석 신고 Notice

담임선생님께 전화가 걸려 왔다.

"선생님, 민호가 감기 걸려서 오늘 학교에 못 갑니다."

"그런데 전화하시는 분은 누구시죠?"

"제 아버지입니다."

광고 Ad.

친구 : 금자야, 금년 가을은 유난히 고독하구나. 견디다 못해 인터넷에 '고독한 여인과 교제하기를 희망하는 남자 구함' 이란 광고를 냈지 뭐니.

금자 : 그래서? 많은 지원자가 들어왔니?

친구 : 수백 통의 메일이 왔어. 그런데 걱정거리가 있어.

금자 : 왜?

친구 : 글쎄, 그 지원자 중에 우리 아빠의 편지도 들어 있잖니.

고무줄 총 A rubber band

정신병자가 고무줄로 새총을 만들어 새를 잡으러 다녔다.
장가를 들었지만 신부는 거들떠보지도 않았다.
그런데 어느 날 갑자기 예쁜 처녀와 데이트를 하고 싶다고 했다.
"아가씨를 만나서 뭐할래?"

하며 집안 식구들이 물었다.

"차 마시고 무도회장에 갈 거야."

"거기 가서는?"

"맥주 한잔 하고 춤을 출 거야. 그리고 호텔에 데리고 갈 거야."

"그 다음엔 뭘 할래?"

"옷을 벗길 거야."

집안 식구들은 드디어 정신이 돌아오고 있다고 모두들 기뻐했다. 그래서 서둘러 다그쳐 물었다.

"그 다음에는 속옷을 벗길 거야."

"그 다음엔?"

"팬티의 고무줄을 빼서 새총을 만들 거야."

놀다 가이소 Let's play

경상도 남자랑 여자가 신혼 첫날밤에 열심히 시도를 하고 있다. 신랑이 신부 배 위로 올라가자 신부가 쑥스러워하며,

"뭐 할라꼬예?"

"저쪽으로 넘어갈라꼬."

하면서 신랑이 넘어가 버렸다.

잠시 후 또다시 신랑이 신부 배 위로 올라가자 신부가 똑같이 물었다.

그러자 신랑이 먼젓번과 똑같이 대답하더니, 여전히 넘어가 버렸다.

기다리다 지친 신부는 또다시 신부 배 위에 올라온 신랑에게 이렇게 말했다.

"이번엔 놀다 가이소."

천국 가는 길 Kingdom of Heaven way

어떤 목사님이 어린 소년에게 우체국으로 가는 길을 가르쳐 달라고 하자, 그 소년은 친절하게 가르쳐 주었다.

목사님이 고맙다고 하며,

"얘야, 다음 주일에 교회로 나오너라. 그러면 너에게 천국 가는 길을 가르쳐 주마."

하고 말했다. 소년이 피식 웃으며 중얼거렸다.

"쳇! 우체국 가는 길도 모르는 주제에 천국 가는 길을 가르쳐 주겠다고?"

현명한 대답 Wise answer

"엄마, 포도청이 뭐예요?"

"지금 경찰서같이, 옛날에 죄 지은 사람들을 잡아들이고 벌주는 곳이었지."

"지금은 없어요?"

"있기는 있지만 보기가 어렵단다."

"어디 있는데 보기가 어렵나요?"

"응, 배고픈 사람들의 목구멍에 있단다."

너도 봤구나 You saw too

유명한 여배우 데미무어는 앵무새를 키우고 있었다. 그런데 데미무어가 목욕만 하면 앵무새가 쳐다보는 것이었다.
하루는 앵무새에게 한 번만 알몸을 쳐다보면 머리를 빡빡 밀어 버릴 것이라고 경고했다.
그 다음날도 여전히 앵무새는 목욕하는 데미무어를 쳐다보았다. 화가 난 데미무어는 약속대로 앵무새의 머리를 빡빡 밀어 버렸다.
그때 명배우 브루스 윌리스가 들어오자 앵무새가 하는 말,
"짜아식, 너도 봤구나."

수면제 Sleeping drug

간호사 : 환자분, 일어나세요. 어서 일어나세요! 지금 수면제 잡수실 시간이에요. 어서 일어나세요. 빨랑요!

되돌아온 이유 — Reason of coming back

대낮에 탈옥했다가 그날 밤에 자수하고 돌아온 탈옥수에게 기자들이 카메라를 들이대며 다시 돌아오게 된 동기에 대해서 물었다.
"아내를 보려고 방문을 살그머니 여는 순간 아내는 다짜고짜 '당신이 탈옥한 것은 여덟 시간 전인데 지금껏 어디 있었어요?' 하고 바가지를 긁기 시작하더군요. 그 순간 차라리 감옥이 낫겠다 싶어 다시 왔죠."

무식의 소치 — Ignorance

어느 사람이 채찍으로 말을 때리고 있었다.
"여보시오, 약한 짐승을 때리면 뭘 하오?"
"기가 막혀서 그러오."
"기가 막히다니요?"
"글쎄, 발 없는 말도 천 리를 간다는데 이놈은 네 발이 멀쩡한데 십 리도 못 가서 이 모양이니……."

연탄 값 Don't say that

택시가 미군부대 앞을 지나다 흑인 병사 두 명을 태웠다.
신호대기 중 동료 기사를 만나게 되었다.
A : 오늘 재미 봤어?
B : 연탄 두 개 실었어.
　흑인 병사가 내리며 택시비 1,000원을 낸다.
B : 1,000원이 뭡니까?
병사 : 연탄 두 개 값이오.

연날리기 중계방송 Kite flying

아나운서 : 연날리기에는 오늘이 가장 좋은 날씨군요.
해 설 자 : 네, 그렇습니다.
아나운서 : 드디어 제1 연이 올라가는군요.
해 설 자 : 제2연도 올라갑니다.

충청도 사람들 Chungchong province

충청도 사람들은
'저하고 춤 한번 추실래요?'를 단 두 글자로 끝낸다.
"출텨?"
충청도 사람들이 말이 느리다고들 하는데 사실이 아니다.
'저 콩깍지는 깐 콩깍지냐, 안 깐 콩깍지냐?'를 어느 지방 사람들이 제일 빨리 말할 수 있을까?
단연 충청도 사람들이다.
"깐겨? 안 깐겨?"
충청도 청년이 군대를 갔다.
어느 밤, 그가 화장실에 가고 있었다.
그날 밤 암호는 '열쇠'였다.
보초를 서고 있던 서울 출신 병사가 소리쳤다.
"암호!"
충청도 병사는 얼떨결에 대답했다.
"쇠때!"
서울 병사는 암호가 틀리기 때문에 충청도 병사를 총으로 쐈다.
충청도 병사는 쓰러지며 말했다.
"얼래, 쇠때도 총 맞는데!"

사투리 할머니 You're so funny

경상도 할머니가 서울 딸네 집에 와서 지내고 있었다.

할머니가 외출을 하는데 동네 아가씨가 반갑게 인사한다.

"할머니! 어디 '가시나' 요?"

할머니는 말을 잘못 알아듣고 화를 버럭 내신다.

"와? 나 대구 '가시나' 다!"

할머니가 정류장에서 버스를 기다리는 데 버스가 오지 않았다.

한참 만에 저기서 버스가 오고 있었다.

할머니는 반가워서 소리쳤다.

"왔 '데이'!"

옆에 있던 미국 청년은 영어로 'What day?' 즉 '무슨 요일이냐' 고 묻는 줄 알고 대답했다.

"Monday!" 월요일

할머니는 미국 청년이 '먼데이' 즉, 뭐냐고 묻는 줄 알고 대답했다.

"버스데이!"

미국 청년은 영어로 'Birthday' 즉, 생일이라고 알고 할머니를 축하해 드렸다.

"Happy Birthday!" 생신 축하합니다.

할머니는 미국 청년이 버스 종류를 잘 모르고 '해피버스' 라고 말하는 충청도 때밀이가 또 인사를 했다.

"왔시유?"

미국인은 봉변을 당하지 않으려고 주위를 둘러보다가 자기 발 정도를 본다고 말하는 것이 좋겠다고 생각했다. 그런데 그 미국인은 한국에서 오래 살았기 때문에 '발'은 우리말로 말했다.

"I see 발."

그러나 충청도 때밀이는 "아이 씨발" 이라고 말하는 것으로 들었다. 때밀이는 미국인이 자기에게 욕을 했다며, 그 미국인을 두들겨 패버렸다.

여자의 직업에 따라 Woman's profession

여자들은 직업에 따라 독특한 반복어가 있다.

간호사 : 어서 벗고 이리 누워요!

유치원 교사 : 참, 잘 했어요! 다시 한번 해보세요!

파출부 : 더 빨 것 없어요?

엘리베이터 걸 : 빨리 올라타세요!

보험 설계사 : 이번에 넣으면 오래도록 빼지 마세요!

서러운 이유 Sad reason

목욕을 마치고 아버지와 아들이 집으로 돌아왔다. 아버지는 목욕탕에서 아들이 심하게 장난친 것이 괘씸해서 어머니에게 분풀이를 했다.
"도대체 여편네가 아들놈을 어떻게 교육시켰기에 이렇게 싸가지가 없는 거야?"
어머니는 아들놈이 버릇이 없다고 뺨을 때렸다.
아들이 펑펑 울면서 말했다.
"세상에, 마누라 없는 놈은 서러워서 살겠나!"

이름이 뭐야? What's your name?

한 고등학교 교실에서 수업을 하고 있던 중.
선생님이 잡담을 하고 있는 학생을 가리키며 물었다.
"너 이름이 뭐야?"
학생이 대답했다.

"안득기요."

선생님은 '안 들립니다'는 말로 듣고, 다시 큰 소리로 물었다.

"너 이름이 뭐냐니까!"

학생이 대답했다.

"안득기요!"

화가 난 선생님이 말했다.

"야, 이놈아! 이름이 뭐냐고 묻고 있잖아!"

학생이 대답했다.

"득기요!"

선생님은 이번에는 '들립니다'라는 말로 들었다. 선생님은 학생이 '안 들립니다'라고 했다가 '들립니다'라고 자기를 놀리는 것으로 오해하고서 반장을 찾았다.

"이 반의 반장이 누구야?"

반장이 일어섰다. 선생님이 반장에게 물었다.

"반장, 저놈 이름이 뭐야?"

반장이 대답했다.

"안득기요!"

선생님은 반장이 못 들은 줄 알고 다시 물었다.

"저놈 이름이 뭐냐니까?"

반장이 대답했다.

"득기요!"

선생님은 반장까지 자기를 놀리는 줄 알고 화가 머리끝까지 치밀었다.

선생님은 반장의 역할이 뭐냐는 뜻으로 물었다.
"반장! 자네, 이 반의 뭐야?"
반장은 '입 안에 뭐냐' 라고 묻는 것으로 들었다.
그래서 머뭇거리다 대답했다.
"껌입니다."
반장은 마침 껌을 씹고 있었다.

판결 Judgement

사람들이 죽으면 염라대왕 앞에서 천당으로 갈지, 지옥으로 갈지 판결을 받는다.
외과 의사가 염라대왕 앞에 섰다.
염라대왕은 그에게 물었다.
"너는 살아 생전에 무슨 좋은 일을 했는고?"
의사가 대답했다.
"대왕님! 저는 정말 좋은 일을 많이 했습니다. 죽어 가는 사람들을 무수히 살려냈습니다."
염라대왕이 버럭 소리를 질렀다.

"바로 네놈이었구나! 내가 불러도 그놈들이 오지 못하도록 방해한 놈이! 너 같은 놈은 지옥으로 가야 한다!"

창녀로 몸을 팔던 여자가 염라대왕 앞에 섰다.

염라대왕이 물었다.

"너는 살아 생전에 무슨 좋은 일을 했는고?"

여자가 대답했다.

"대왕님! 저 같은 사람이 무슨 좋은 일을 했겠습니까? 그저 급한 남자들 사정 봐달라고 할 때 사정 봐준 것밖에 없습니다."

염라대왕이 말했다.

"너야말로 좋은 일을 많이 했구나! 이 열쇠를 가지고 저쪽으로 가거라!"

여자는 열쇠를 가지고 가다가 염라대왕에게 물었다.

"대왕님! 그런데 이 열쇠는 무슨 열쇠입니까?"

염라대왕이 말했다.

"응, 그건 내 방 열쇠다!"

배와 물 Boat & water

선비가 나룻배를 탔다.
과부 사공이 노를 젓고 있었다.
선비와 과부는 서로 눈이 맞았다.
나룻배가 강 한가운데 이르자, 선비와 과부는 사랑을 나누었다.
선비가 기분이 좋아 한 마디 했다.
"원, 세상에! 배 위에서 배 타보기는 난생 처음일세!"
과부도 기분이 좋아 한마디 했다.
"원, 세상에! 물 위에서 물 받아 보기는 난생 처음일세!"

웃어야 하는 25가지 이유

01. 웃으며 하루를 시작하라. 하루가 활기차다.
02. 웃으며 밥을 먹어라. 피가 되고 살이 된다.
03. 웃으며 출근하고 웃으며 퇴근하라. 나를 사랑하는 길.

04. 만나는 사람마다 웃으며 대하라. 인기짱이 된다.

05. 주변을 웃겨라. 천당에 간다.

06. 집에서는 웃어라. 행복한 가정을 만든다.

07. 화장실에서도 웃어라. 근심 걱정 모두 씻겨 나간다.

08. 물건 팔 때 웃어라. 하나 팔 것을 두 개 판다.

09. 물건 살 때 웃어라. 값을 깎아 준다.

10. 돈을 갚지 못할 때 웃어라. 웃는 얼굴에 침 뱉지 못한다.

11. 실수했던 일을 생각하며 웃어라. 웃음이 절로 난다.

12. 책 보면서 웃어라. 더욱 재미있다.

13. 도둑 보고도 웃어라. 도둑이 놀라서 도망간다.

14. 화날 때 웃어라. 복이 들어온다.

15. 힘들 때 웃어라. 잠재되어 있던 힘이 솟는다.

16. 웃는 사진을 보아라. 다른 사람도 웃게 한다.

17. 회의 때 웃고 시작하라. 아이디어가 넘친다.

18. 오래 살려면 웃어라. 1분 웃으면 이틀 더 산다.

19. 돈 벌려면 웃어라. 1분에 1백만 원어치 엔도르핀 번다.

20. 실연했을 때 웃어라. 울면 나만 손해다.

21. 데이트할 때 자주 웃어라. 웃음에 빠져 넘어온다.

22. 아플 때 웃어라. 면역력이 높아진다.

23. 따귀 맞고도 웃어라. 맞은 사람이 돈 번다.

24. 야단 맞을 때 웃어라. 기막혀서 야단 못 친다.

25. 단 한 번, 장례식에서만 웃지 말아라. 나도 초상치른다.

암요, 그럼요, 별 말씀을 _ 재치 유머

● ● ● ●

2014년 12월 10일 초판 1쇄 인쇄
2014년 12월 20일 초판 1쇄 발행

엮은이 / 미래건강사회연구소
펴낸곳 / 아이템북스

출판등록 / 2001년 8월 7일 / 제2-3387호
주소 / 서울특별시 마포구 서교동 444-15

● ● ● ●

※잘못된 책은 교환해 드립니다.

전공별 싸움 구경 Observer

신방과 : 남들이 보고 있다.

국문과 : 주제 파악도 못하는군.

수학과 : 분수도 모르는군.

신학과 : 오, 주여! 회개합시다.

건축과 : 저 녀석들은 기초가 안 되어 있어.

법학과 : 너희들, 다 구속감이야!

경영학과 : 싸우면 손해야!

경제학과 : 돈 안 되는 자식들!

영문학과 : 파이팅!

행정학과 : 빨리 경찰 불러!

심리학과 : 저렇게 싸우는 심보가 문제야.

역사학과 : 싸운다고 세상이 바뀌나.

식물학과 : 그래, 박 터지게 싸워라!

축산학과 : 이런, 개만도 못한 자식들!

아동학과 : 얘들아, 얘들이 배운다!

체육학과 : 이리 와봐, 내가 격투기랑 급소 가르쳐 줄게.

사진학과 : 야, 너희들 다 찍혔어!

중어중문학과 : 지피지기면 백전백승이다~

식품영양학과 : 대체 뭘 먹고 싸움만 하는 거야!

의류학과 : 얘들아, 옷 찢어져!

통계학과 : 꼭 이틀에 한 번 꼴이네.

가장 오래된 직업 The oldest profession

세 사람이 앉아서 어떤 직업이 가장 오래되었는가를 놓고 논쟁을 벌이고 있었다. 먼저 외과 의사가 말했다.

"성경에 보면 아담의 갈비뼈로 이브를 만들었다고 하지 않았나. 그러니 외과 의사가 가장 오래된 직업이 아니고 뭐겠어."

그러자 엔지니어가 말했다.

"엿새 동안 이 세상은 창조되었다네. 그 이전에는 혼돈뿐이었어. 그러니 천지를 창조한 엔지니어가 가장 오래된 직업이지."

아인슈타인, 상대성 유머 12

Albert Einstein

미국의 이론물리학자.
노벨 물리학상 수상.
1879. 3. 14 ~ 1955. 4. 18

〈뜨거운 스토브에 초를 대고 있으면 1분이 1시간처럼 느껴지지만, 예쁜 여자와 함께 공원 벤치에 앉아 있으면 1시간이 1분처럼 느껴진다. 그것이 바로 상대성 이론이다.〉
〈타임〉지가 선정한 20세기 최대의 천재 과학자로 일컬어지는 아인슈타인.
기존의 과학을 송두리째 뒤흔들어 놓은 당사자가 상대성 이론을 이렇게 쉽고도 재미있는 비유로 설명한 것이다.
아인슈타인은 유머의 달인이었다.
여류 물리학자 퀴리 부인이 유부남과의 불륜 때문에 언론의 공격을 받았던 적이 있었다.
"그녀는 다른 남자를 '위협' 할 만큼 매력적이지 못합니다."
라고 하여, 퀴리 부인과의 정치적 의견에 차이가 있었음에도 불구하고 그녀를 언론의 공격으로부터 방어해 주었다.
아인슈타인은 자신의 두 번의 결혼을 모두 실패한 결혼으로 묘사했는데, 여인들과 어울리기를 즐기면서도 때로는 귀찮은 존재나 장애물로 생각하기도 했다.
만년에 그가 담배 파이프를 정성껏 청소하고 채우기를 반복하는 것을 본 학생이 물었다.
"선생님께서는 혹시 담배를 피우는 것 자체보다 파이프를 청소하고 채우는 일을 더 즐기지 않으십니까?"
그러자 아인슈타인이 아무렇지 않은 듯 대답했다.
"파이프는 잠깐의 즐거움을 얻기 위해 많은 고난을 감수해야 하는 여인과 같다."
또 아인슈타인은 죽기 1주일 전 방문한 친구가 텔레비전으로 수많은 사람들이 아인슈타인을 보게 될 것이라고 말하자,
"이제 알겠나? 어쨌건 나는 유명해질 운명이었다니까."
과학자와 유머, 어떻게 생각하면 전혀 어울릴 것 같지 않지만, 사실 현자賢者들은 모두 유머를 즐기고 모든 일의 가장 기본으로 삼았던 것이다.

그때가 들려온 정진 경장님이 나가신다.

"용은 우리가 찾지만 그 증거를 잡기란 쉽지가 않구나."

답하고 Answer back

수철 사장이 메일함이 궁금도 않고 떠들기만 하는 광장님은 상장님이 또 무슨 에 싫어 그 공장이 어두웠죠? 인지 싫게 따들기만 하지 이상해!"

"오른 말이 끝이 끝나기도 말이 끝났다.

"밤 그런데, 나도 한동안 나와이야."

"잘, 일들이 많아야이아불명도 많죠."

"고프따가가 말다구 할 거야?"

"차분 게도 3 30일에 정자곰을 위는대요."

"이 나이에 운동!"

"상생님, 지경이도 떡으면 운동가지요."

"내가 나와리 있다, 공부 안기 입어나았다가"

"한자도 그런데 없이 생각 뭇하지요."

"이것, 지동을 그만!"

단점 Demerit

시종 애매지의 결투였었다. 신용의 양정이 쪽이이 됐자, 신용가 또을 챙깅 갔드나, 그나지 신용이 상체도 양명했다.

"그렇게 무끄리하될 것 없어, 낭정이 챙이이 됐어이가드.

"양어요, 양지만 우리 집 기용이 낭이 정정을 펴먹 쪽지이 쪽는 것이 가득요."

꼴맛format

낙동양이 걸린 떡 개이크가 이자아 떡 달달 상징을 했다.

"양공으 안 될가요?"

"안 됩니다."

"공롱은 이때요?"

"안 됩니다."

"그럼, 지를 꽃씨앞에 주세요."

"할머니 건방져래!"
울음보가 터졌다.

어른 아이 Adult child

옛날 동네에 다섯 살 된 남자아이와 세 살 된 여자아이가 이웃에 살고 있었다.
둘은 자주 만났다.
둘은 만나기만 하면 크게 싸우고 서로 때리고 꼬집고 발로 차곤 했다.
어느 날, 남자아이가 엄마에게 물었다.
"엄마! 우리 어디가 사고 자꾸 싸울까?"
그러자 엄마가 말했다.
"뭘 걱정 드러니 우리가 커서 어른이 되면 안 싸이제!"

그게 아니라I don't mean it

동네 놀이터에 종도 매일이가 있었다.
그 동네에도 똑같이 운 가장 재 미용인이 들고 있었다.
그 미용인은 생각난 김 평을 들고 놀이터에 갔다.
아는 날, 미용인이 놀이터에 다시 가용을 모고 있는 즈음에
중도 매일이는 미용인을 향해 달려오고 있게 인사했다.
"안녕?"
미용인은 그 인사말을 종도정으로 얘기들었다.
"What do you see?" 즉, 무엇을 모느냐 라고 물었다 생각한 미용이는 모고 있기 때문에,
"Mirror!"
라고 대답했다.
매일이는 미용인이
"뭐야!"
라고 평했기 때문에 다시가 미용인의 매리를 때리기 시작했다.
미용인은 그 다음부터 종도 매일이가 두려워졌다. 또 언니며 자기가
무성기 프느냐 라며 무엇을 들고 나오든 매일에게 자기가 모든 물건을
당장지 않으기가 강요되어 단정다.
미용인은 거리 북축해 있다.
미용이가 다시 북축해 있다.

3단 케이크의 바닥에 쓰인 경고

- Do not turn upside down.

아래 위를 뒤집지 마시오.

다리미 사용 설명서에 쓰인 경고

- Do not iron clothes on body.

옷 입은 채 다림질하지 마시오.

땅콩 봉지에 쓰인 경고

- Warning : Contain nuts.

경고 : 땅콩이 들어 있음

슈퍼맨 의상에 쓰인 경고

- Warning : This garment does not enable you to fly.

경고 : 이 옷을 입고 날 수 없습니다.

운전을 하지 않은 세 명의 할머니가 뒷좌석에 앉아 손발을 부들부들 떨고 있었다.

할머니 : 왜 잡는 거요?

경　찰 : 여기서는 그렇게 느리게 달리시면 안 돼요.

할머니 : 이 길 처음 부분에 20이라고 써 있어서 20km의 속력으로 왔는데 뭐가 잘못됐어?

경　찰 : 아, 그건 국도 표시예요. 여기가 20번 국도거든요.

할머니 : 아, 그래?

경　찰 : 그런데 뒤에 할머니들은 왜 손발을 부들부들 떠시나요?

할머니 : 좀 전에는 210번 국도를 타고 왔거든.

경고 Warning

미국 제품의 엽기적인 경고 메시지

헤어드라이어 사용 설명서

- Do not use while sleeping.

　잠자는 동안 사용하지 마시오.

말 되는 이야기 The power of word

- 자살골

  모처럼 외박한 후 팬티를 뒤집어 입고 들어왔다.

- 노처녀의 나이

  스물 열세 살.

- 무제

  내 배가 부르면 살기 좋은 세상, 내 배가 고프면 빌어먹을 세상.

- 플레이보이의 고백

  그녀 친구들이 예뻐서 결혼했다.

- 여자는 남자에게 향락을 주고

  남자는 여자에게 운명을 지불한다.

- 요즘 여자들

  치아에도 매니큐어 칠할까 걱정이다.

- 진짜 공처가

  여보, 내 친구가 나보고 공처가냐고 묻는데 뭐라고 대답해 줄까?

- 진짜 애처가

  여보! 당신 살림하기도 힘든데 애기 낳는 사람은 따로 하나 더 얻을까?

- 남편 속깨나 썩였겠다

  동물원 멧돼지 우리 앞에서 "어머, 저 홍싸리 좀 봐" 하고 무의식중에

17연이 올라가고, 다음 연이 올라가는 것을 뭐라고 할까 하고 청취자들은 숨을 죽이고 기다리고 있었다.

아나운서 : 드디어 열여덟 번째 연이 올라갑니다.

청취자들 좀 실망한 듯

아나운서 : 아! 십칠 연과 십팔 연이 엉켰군요.
해 설 자 : 예! 그렇습니다. 저런 연을 쌍연이라 하죠.

예정 시간보다 오래 걸리자, 주최자 측에서 안내방송을 통하여 나머지 연을 모두 날리라고 요구한다.

아나운서 : 여러 가지 연이 올라가는군요.
해 설 자 : 저런 연을 뭐라고 부르는지 아십니까? 바로 잡연이라고 부릅니다.
아나운서 : 이름도 갖가지군요.

그 순간 한 연이 잘 풀리지 않았는지 비실비실 오르기 시작했다.

아나운서 : 어! 아직 한 연이 남았군요. 저렇게 비실비실 올라가는 연을 무엇이라 부르죠?
해 설 자 : 네! 개연이라 합니다.

그러자 남자가 말했다.

"사실 저희는 삼형제인데 서로 멀리 떨어져 살게 되었답니다. 우리는 서로 헤어지면서 약속했죠. 멀리 떨어져 있어도 함께 마시던 추억을 기억하며 나머지 사람 것도 함께 마시자고. 그래서 두 형님과 마시는 기분으로 이렇게 마시는 겁니다."

주인은 고개를 끄덕였다.

남자는 단골이 되어 그 술집에서 유명한 사람이 되었다. 그러던 어느 날, 여느때와 마찬가지로 나타난 남자가 술을 두 잔만 시키는 것이다.

술을 마시고 있는 그에게 술집주인이 다가와 어렵게 입을 열었다.

"형님 일은 참 안되셨습니다. 어쩌다가……."

그러자 남자는 두 번째 잔을 홀짝이며 대답했다.

"형님들은 괜찮으십니다. 사실 제가 술을 끊었거든요."

할머니의 운전 Granny driving

국도에서 경찰이 속도위반 차량을 잡고 있었다.

그런데 한 차만 너무 느리게 달리는 것이었다.

경찰이 그 차를 불러세우니 할머니 네 사람이 타고 있었다.

이야기하는 여자.

- 아까워라!

    못생긴 여자의 고운 마음.

- 아무래도 밑진 것 같다

    그녀에게 총각 때 꿔 준 돈, 그녀와 결혼해서 받았다.

- 표어

    학비 인상 지탄 말고 많이 배워 본전 뽑자.

- 표현할 수 없이 큰 고기

    낚시꾼이 놓친 고기

- 겉 다르고 속 다른 사람

    낙동강에 폐수 버리고, 깊은 산 속 약수 떠다 마시는 사람.

맥주 세 잔 Tree cups of beer

한 남자가 술집에 들어와 맥주를 세 잔 시켰다.
그리고 술잔을 번갈아 가며 마셨다.
이상하게 생각한 술집 주인이 물었다.
"손님, 한 번에 한 잔씩 마시지 않고 왜 번갈아 가며 마십니까?"